影响力的本质

有效沟通、打动人心、赢得信任的艺术

［美］**史蒂夫·马丁** 著
（Steve Martin）
曹嬿 译

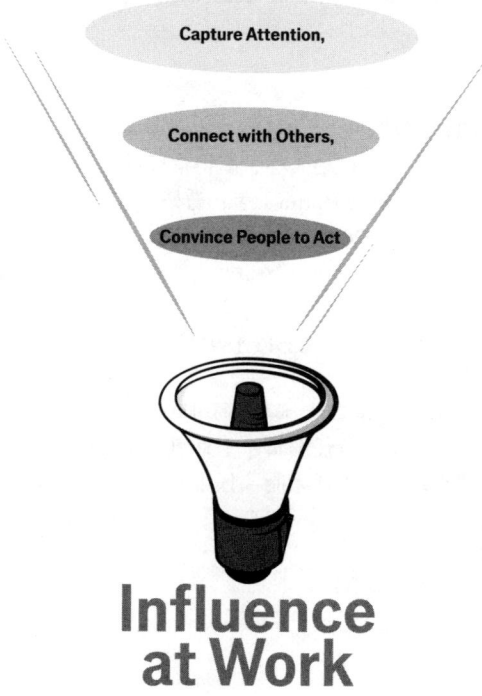

机械工业出版社
CHINA MACHINE PRESS

本书深入探讨了影响力在职场及生活中的关键作用，通过丰富的案例与实用的策略揭示了影响力背后的隐秘规则，帮助我们提升说服力与影响力。作者认为，职场成功不仅取决于专业能力，更依赖于有效影响他人的能力。本书通过"影响力公式"阐述了事实、利益与情感的融合是构建影响力的基石，书中还提供了具体的方法与策略，帮助我们在不同情境下灵活运用影响力。此外，本书还强调，影响力并非我们天生的，而是可以通过学习和实践掌握的技能。本书结合职场中的常见挑战，为我们提供了切实可行的解决方案，帮助我们在复杂的环境中脱颖而出。无论你是职场新人还是资深管理者，本书都能为你提供宝贵的指导，帮助你在坚守原则的同时提升影响力，赢得他人的支持与信任。

Steve Martin, Influence at Work: Capture Attention, Connect with Others, Convince People to Act
ISBN: 9781639367146

Copyright © Steve Martin 2024
Simplified Chinese Translation Copyright © 2025 by China Machine Press. This edition is authorized for sale in the Chinese mainland (excluding Hong Kong SAR, Macao SAR and Taiwan). All rights reserved.

本书中文简体字版由 Profile Books Limited 授权机械工业出版社在中国大陆地区（不包括香港、澳门特别行政区及台湾地区）独家出版发行。未经出版者书面许可，不得以任何方式抄袭、复制或节录本书中的任何部分。

北京市版权局著作权合同登记　图字：01-2025-0494 号。

图书在版编目（CIP）数据

影响力的本质：有效沟通、打动人心、赢得信任的艺术 /（美）史蒂夫·马丁（Steve Martin）著；曹嬿译. -- 北京：机械工业出版社，2025.8. -- ISBN 978-7-111-78680-1

Ⅰ. H019-49

中国国家版本馆CIP数据核字第2025EC1897号

机械工业出版社（北京市百万庄大街22号　邮政编码100037）
策划编辑：坚喜斌　　　　　　责任编辑：坚喜斌　王华庆
责任校对：王荣庆　刘雅娜　　责任印制：任维东
唐山楠萍印务有限公司印刷
2025年8月第1版第1次印刷
145mm×210mm · 8印张 · 1插页 · 145千字
标准书号：ISBN 978-7-111-78680-1
定价：59.00元

电话服务　　　　　　　　　　网络服务
客服电话：010-88361066　　　机　工　官　网：www.cmpbook.com
　　　　　010-88379833　　　机　工　官　博：weibo.com/cmp1952
　　　　　010-68326294　　　金　　书　　网：www.golden-book.com
封底无防伪标均为盗版　　　　机工教育服务网：www.cmpedu.com

本书赞誉

"通俗易懂、价值非凡、有理有据。史蒂夫·马丁的著作无疑是一本绝佳的影响力指南。"

——蒂姆·哈福德(Tim Harford),
BBC 广播四台节目《或多或少》(More or Less)主持人、播客《警示故事》(Cautionary Tales)主理人

"逻辑严谨、条理清晰,史蒂夫·马丁呈现了一个关于说服的理论框架,实用而有力。无论你处于什么职位,只要你想提升职场影响力,这本书都是你的必读之作。"

——丹尼尔·H. 平克(Daniel H. Pink),
畅销书《全新销售》(To Sell Is Human)和《憾动力》(The Power of Regret)的作者

"精彩绝伦。在所有关于如何获得和运用影响力的作品中,这是我见过的最精彩的一本。该书引人入胜、有理有据、正当合理,堪称杰作。"

——罗伯特·B. 西奥迪尼(Robert B. Cialdini),
畅销书《影响力:说服心理学》(Influence:The Psychology of Persuasion)的作者

影响力的本质
有效沟通、打动人心、赢得信任的艺术

"这本书重新阐释了一个历久弥新且至关重要的能力——影响力。这是一本立竿见影的工具书,能帮你在坚守原则的同时提升影响力。"

——詹姆斯·廷普森(James Timpson),廷普森集团 CEO、《星期日泰晤士报》(*Sunday Times*)专栏作家

"作者展开了一场别具匠心、引人入胜的讨论,揭示了职场影响力背后的潜在规则。"

——卡米拉·卡文迪什(Camilla Cavendish),《金融时报》(*Financial Times*)高级编辑、专栏作家

"这本内容翔实、行之有效的指南,不仅能帮助你在职场中增强影响力,在其他领域也能发挥作用。"

——凯蒂·L. 米尔克曼(Katy L. Milkman),沃顿商学院教授、畅销书《零阻力改变》(*How to Change*)的作者

"这是一本引人入胜、实事求是且切实有效的指南。如果你想成功说服他人,这就是你的必读之作。"

——约翰·巴拉索(John Barrasso),美国国会参议员

"影响力是最难捉摸的技能之一,而史蒂夫·马丁揭示了它背后的基本公式。这是一本极具实用性的指南,涵盖了切实可行的具体步骤。无论你是谁,都可以从中受益,提升职场影响力。"

——瓦妮莎·博恩斯(Vanessa Bohns),康奈尔大学组织行为学教授、《顺从:说服和被说服的心理策略》(*You Have More Influence Than You Think*)的作者

本书赞誉

"这是一本可以帮助你驾驭现代职场的全面指南。条理清晰、有理有据,这本书应成为所有在职领导者的必读之作。"

——亚历克斯·艾肯(Alex Aiken),英国政府传播部执行主任

"我超爱这本书。每次打开它都能激发我的好奇心。史蒂夫善于通过一目了然、原则导向的思维教你如何施加影响力。这是一本出色的书,我愿意向所有领导者推荐。"

——约翰·"米奇"·米切尔(John "Mitch" Mitchell),
英格兰橄榄球联合会主教练

"这本书匠心独运又妙趣横生,浅显易懂且行之有效,能够为我们提升在工作和生活中的影响力提供切实的帮助。"

——斯特凡·迈耶(Stephan Meier),
哥伦比亚商学院教授、
《员工优势》(The Employee Advantage)的作者

"这是一本精彩的读物,提供了切实可行、直击要点的建议,极其适合需要提升影响力的人。"

——迪尔·西杜(Dil Sidhu),伦敦大学伯贝克商学院院长

献给鲍勃和琳德斯

作者简介

史蒂夫·马丁（Steve Martin）是影响力与说服力科学领域的权威人物，被皇家学会（Royal Society）提名并认可。同时，他担任英国影响力工作公司（Influence at Work）的首席执行官，致力于将影响力科学应用于实际商业环境。马丁是多本畅销书的合著者，包括《信使：谁主宰我们的倾听》（*Messengers: Who We Listen To, Who We Don't and Why*），以及备受赞誉的《说服：如何赢得他人的信任与认同》（*Yes! 60 Secrets from the Science of Persuasion*），该书曾登上《纽约时报》《华尔街日报》和《商业周刊》的畅销书榜单。他的著作销量超过175万册，被翻译成27种语言，在全球范围内广泛传播。

作为企业界和政策领域领导者信赖的顾问，马丁在心理学领域有关影响力和说服力方向的研究成果被学术界、商业媒体和国际新闻广泛报道。他的观点和研究发表在《自然》《纽约时报》、《泰晤士报》《华盛顿邮报》《金融时报》《哈佛商业评论》和《时代周刊》等权威刊物上，这奠定了他在该领域的全球声誉。

马丁目前担任哥伦比亚商学院行为科学（执行教育）的教职主任，并在多个国际顶级商学院担任客座讲师，包括伦敦商学院、哈佛大学和伦敦政治经济学院的 MBA 及高级管理人员课程。他的教学和研究始终聚焦于如何在商业和政策制定中有效运用行为科学原则。

史蒂夫·马丁现居伦敦，他的卓越贡献不仅在学术界广受认可，也为全球商业领袖提供了宝贵的实践指导。

前 言

"我到底做错了什么？"萨姆抬起头，看向她的朋友们，脸上写满了挫败和疲惫。

一直以来，一切都很顺利。三年前，她收到这家公司的职位邀请——公司的地理位置很好，给她的职位也很好。尽管她已经在这工作了三年，那份邀请给她带来的喜悦仍未消退。的确，那段时间很忙，但也很成功。萨姆下定决心，将自己内心的所有不安抛诸脑后，抓住眼前的每一个机会。因此，公司的几位经理注意到了她，且似乎很愿意支持她的热情、工作理念和对细节的关注。她在短短一年之内就晋升了。第二个年头刚过，她再次晋升。这次，她升任了经理职位——这个角色本应赋予她更多的职责和影响力，但当她在公司与朋友们一起复盘时，她意识到，她只得到了前者。

更多职责？当然，萨姆从未如此忙碌过。

更多影响力？倒是没那么多。

比如说，这周早些时候，萨姆参加了一次季度资源协调会议——这是她职责的一部分。会议上，有十几个初级经理需要向公司的董事们汇报人力情况和项目进展，并以此来争取他们接下来三个月所需的资源。有人告诉她，这些会议的准备工作极为重要，因为它们往往会变成一场混战。这次会议也不例外。尽管她准备了详尽的电子表格，并制定了周密的应急方案，却在争取额外资源时，再次败给了她的同事，可他们的提案并不比她的好，有些甚至比她的差远了。

"可不是嘛，"坐在桌旁的杰克边听边嘟囔，"我在这已经快五年了，一直是这样。他们说，无论什么项目，要想得到批准，就得关注两个要点：项目实情和资金预算。我总是照做。但其他人真正这么做的次数，我用一只手就能数得过来。按理说，数据分析公司的老板们，应该会靠数据来做决策吧？并非如此。那些可以影响决策的方法，别人告诉我们的是一回事，可实际操作起来，完全是另一回事。"

萨姆和杰克的情况其实屡见不鲜。在职场上，我们每天都肩负着影响和说服他人的艰巨任务。有时，我们需要说服的是上级领导，例如老板、经理或某些高层决策者；有时是身边的同事或下属团队成员；更多时候则要面对客户、消费者、选民，甚至病人。

无论对象是谁，成功说服他人的关键在于我们自身的影响力和说服力，而这绝非易事。或许我们会认为，合理的请求加上适当的经济激励一定能无往不利，但现实却与之大相径庭。在这个竞争激烈、瞬息万变的时代，已经很少有人愿意静下心来听你长篇大论。因此，想要说服别人，仅凭有理有据远远不够。正如萨姆、杰克以及众多职场人所领悟到的那样：有理未必能说清。

职场影响力决定事业成败，而理解其运作规则正是掌握它的核心所在。这不仅需要我们熟悉由逻辑、财务和公司政策所规定的规则，还要用心去体会那些未被明文写出但同样重要的潜在规则。尽管人们鲜少提及，但这些规则至关重要，往往决定着谁的意见被采纳，谁又会被无情地忽视。理解并运用这些规则，是成功说服他人的关键。

时常有人问我，是否有些人天生就具备影响力？难道他们是上天的宠儿，生来就擅长说服他人？尽管有些人天生就比别人更具说服力，但这绝不意味着我们其他人永远无法与之抗衡，原因就在于此。因为影响力是一门可以学习和掌握的技能。没有人注定只能眼睁睁看着他人实现目标，自己却在一旁空自艳羡。任何人都可以提升自己的影响力进而取得更大的成就，而这本实用的书就将直接为你揭开其中的奥秘。

本书将教会你如何清晰有力地表达自己的观点。

尽管本书主要针对职场影响力，但其中的经验和见解同样适用于日常生活。关键在于，它能帮助你成为一个有说服力的人，同时确保不违背你的道德底线，不会让你产生操纵他人的负罪感。

全书共分为三篇，每篇各含三章。在第一章中，你将有机会评估自身现有的影响力，并通过一个简短的测试了解自己在职场中最常用的说服方法。你也可以跳过测试，直接开始阅读第二章，但我强烈建议你完成这个测试，因为它能提供一个个性化基准，方便你追踪自己后续技能和知识的提升。

第二章深入探究了影响力的历史渊源，并明确其真正含义。这一点至关重要，因为"影响力"这一概念常常与说服、权力、顺从、谈判、竞选和销售等概念相混淆。尽管它们之间存在相似之处，但影响力无疑更为关键，因为一切具有实际意义的改变归根结底都是由影响力驱动的。

第三章旨在打破一些影响力作用过程中的常见误区。我们熟知的许多所谓影响他人的"有效方法"其实是虚构出来的，而本书将带你探寻真相。本章除了剖析人们决策背后的根本动机，还会引入"影响力公式"。它就像一把万能钥匙，能帮助每个人更加有效地施展影响力。该公式揭示了如何依据事实、利益和情感的最佳组合来制定影响力策略，且各因素的权重会随情境而变。换言之，成功的影响力是基于事实、利益和情感三者的恰当融合来构建和传达你的观点的。

第二篇对"影响力公式"的三个要素展开深度探索，每章探讨一个要素。第四章指出，影响力有效运用的关键往往不在于所备资料的数量与质量，而在于呈现方式。当面对说服对象时，"谁来说"有时比"说什么"更为重要，生动的故事通常比一板一眼的数据更能抓住他们的心。

第五章重点讲述如何借助经济激励手段来影响他人。事实上，人们对经济激励的反应，更多受心理机制的支配，而非纯粹的理性计算。但请注意，这绝不是在小看金钱的激励作用。作为一种备受青睐且易于实施的激励方式，它无疑具有强大的影响力——但它并非百试百灵。本章将概述经济激励的优缺点，并提供最佳运用策略。

第六章剖析了情绪在影响力策略中的重要作用。许多人认为，所有决策都是由某种情绪因素触发的，我对此深表赞同。本章会对那些极具说服力的特定情绪进行分析，并指导大家如何在遵循道德规范的前提下有效地运用这些情绪说服他人。

第三篇聚焦于影响力的法则、实践和伦理。第七章回顾了七大通用的影响力法则，这些都是基于著名社会心理学家罗伯特·B.西奥迪尼的研究成果总结而来的。值得一提的是，我有幸与他一起共事20余年。第八章通过分析职场常见挑战来探讨影响力的实践应用。尽管我们常认为自己面临的处境独一无二，但实际上，许多需要影响力的场景都存在共性。这一章为一系列常见的影响力场景提供了切实可行的方法和策略，并就如何根据个人情况进行调整优化给出建议。第九章则着眼于现代影响力的一个重要层面——伦理道德。要深知，具备影响力并不意味着可以肆无忌惮地使用它。本书结尾还提供了一份清单，帮助你制定出既有效又符合价值观和诚信的影响力策略。

在当今职场层级扁平化、办公虚拟化和跨文化协作的大环境下，一味地强硬已不合时宜。"我说了算"这种理由可能会让你吃不了兜着走，而溜须拍马又容易惹人讨厌。因此，成功驾驭影响力规则，远比其他任何技能都更为关键。

接下来的篇章中，我将为你揭开这些规则的神秘面纱，指导你有效地、合乎道德地运用它们来吸引他人关注、建立紧密联系、赢得怀疑者的支持、说服犹豫不决的人、团结存在分歧的各方，以及激励人们行动起来。

目 录

本书赞誉

作者简介

前　言

第一篇
揭秘影响力：职场制胜的关键

概述	...002
第一章　职场影响力	...004
第二章　影响力的历史沿革	...014
第三章　影响力：定义、迷思与驱动因素	...025

第二篇
影响力公式

概述	...052
第四章　以事实取信	...055
第五章　以利益说服	...083
第六章　以情感打动	...109

第三篇
职场影响力：法则、实践与伦理

概述 ...136

第七章 影响力的七大法则 ...139

第八章 影响力的实践应用 ...180

第九章 影响力的职场伦理 ...198

致　谢 ...213

参考文献 ...220

后　记 ...235

第一篇

揭秘影响力：
职场制胜的关键

概述

领英：职场趋势的风向标

作为微软旗下的专业社交平台，领英（LinkedIn）不仅是职场人士建立人脉、分享想法和寻找工作的主要工具，它还通过频繁的调查持续追踪职场动态、雇主需求以及员工观念的变化。由于数百万名用户在此平台上畅所欲言，吐槽上司、分享同事的趣事以及更新"工作状态"，领英成了全球办公室和工厂中职场人态度与观点变化的晴雨表。

一项调查直截了当地问道："员工应当具备哪些最重要且最令人向往的技能？"在不断变幻的市场环境中，员工所需的技能和智慧也在不断演变，因此答案也会随之调整。同时，具体情境也起着关键作用。不同行业和职位对技能的需求各异，例如，对于金融从业者来说，确保资产负债表平衡是一项至关重要的技能，而对消防员而言，这可能并非必需。然而，有一项技能似乎在雇主的愿望清单上无处不在，不管是什么工作，也不管在世界的什么地方。那就是——影响力。

类似这样的调查显示了影响力在职场和生活中的重要性。它们揭示了为什么自人类文明之初，对那些具备说服和激励他人这一技能的人才的需求始终不减。影响力好比一种秘密武器。离开影响力，我们很难取得进展或推动变革。影响力能将一个普通的理念或容易被忽视的信息转化为令人信服的愿景，开启人们的新思路和新机遇，将怀疑者转变为支持者，将意图转化为行动。

然而，影响力的概念常常遭到误解。在接下来的三章中，我将深入探讨影响力的本质，尤其着重于澄清哪些因素并不构成真正的影响力。我将回顾并评估一些关于如何建立联系、说服他人以及改变其行为和思想的传统智慧，并对其可靠性提出质疑。此外，我还将揭示影响力发挥作用的过程中常见的误区与误解。最后，我将介绍一种系统化的方法——即影响力公式，任何有志于发挥影响力的个人均可运用此方法来构建有效且具说服力的影响策略。

为此，我希望能为你提供一个机会，以评估你当前及偏好的说服他人的方式。

第一章
职场影响力

这个简短的测试将帮助你评估当前影响他人的方法,并指出你可以提升这一技能的具体方面及改进方式。尽管这些见解主要针对职场而设计,但它们同样适用于个人生活中的影响力提升。整个测试过程预计不超过15分钟,且完全自愿。若你希望直接阅读本书内容,请跳转至第二章。

如你选择参加在线测试,可访问 influenceatwork.co.uk/the_economist。对于经理或领导者而言,你可以免费与团队成员分享该测试,让他们也能参与测试(完全免费)。

测试说明

在本测试中,你将面对十个影响力挑战,每个挑战都有三种可能的应对策略。请依次考虑每个挑战,并在三个建议的方法中分配你的分数(总计10分),你在现实生活中面临类似情况时会选择如何行动,测试中就如何选择。

例如,如果你认为其中一个选项完全符合你的行为方式，则可以为其分配 10 分，而为其他两个选项分配 0 分。若你对不同选项之间的选择犹豫不决，请根据最能反映你观点的方式分配这 10 分。例如，最倾向的选项 6 分，第二倾向的选项 3 分，最不倾向的选项 1 分。你可以为三个选项都赋分，也可以赋分给一个或两个选项，但关键在于，确保每个情景下所分配的总分加起来始终为 10 分。

请注意，本测试的答案没有对错之分，测试旨在帮助你更好地了解自己的影响力风格和偏好。

十大影响力挑战

1. 在最后一刻，经理要求你为她明天要参加的一个重要会议准备一份 PPT。由于你正忙于另一个也需要今天完成的项目，所以你得向一位同事求助。你和这位同事的工作关系还算不错，但也算不上朋友。你会采取什么样的方法呢？

请在三个建议方法旁的方框给最符合你的行动方式打分，总共 10 分。

a. 请同事准备整个 PPT。如果他拒绝，询问他是否至少能以某种方式做出贡献，比如审查你收集的一些数据。	
b. 在请求帮助之前，解释发生了什么情况，并承诺如果他遇到类似情况，你一定会非常乐意帮助他。	
c. 提议请他去酒吧喝酒，以换取他的帮助。	

2. 你被委以重任，要撰写一封电子邮件，旨在说服你的同事参加一个培训课程。以往此类培训活动的出席率一直很低。你会采取何种方法来提高出席率？

a. 强调课程名额有限，下一期课程可能要等几个月。
b. 在邀请邮件的开头列出人们应该参加的三个明确理由。
c. 讲述一个引人入胜的故事，说明从上一次公司培训活动中获得的经验教训对你产生了巨大的影响。

3. 有一款新的软件已可供使用，它能提升团队的工作效率和产出质量。但目前资源紧张，你所在部门的预算已大幅削减。你会如何说服你的上司，让其优先考虑你们部门对新软件的需求，而非其他同事提出的资金申请？

a. 展示一下如果公司不购买该软件将会错失的未来节省成本的机会。
b. 制作一套PPT，总结你的提议，用财务事实、数据和效益分析来支撑你的提议。
c. 生动形象地描绘一下你的老板将会如何受益，描述一下未来所有人都使用新软件、大大提高工作效率的情景。

4. 办公室倡导的一些环保举措，比如回收利用、拼车上班、减少纸张使用以及人走灯灭等，在贵公司推行时遇阻。你会如何说服更多的同事接受可持续发展的倡议，并在日常工作中付诸行动？

a. 在各部门之间开展一场竞赛，奖励年度能耗最低的部门额外一天的假期。	
b. 在办公室各处张贴有关气候变化影响的引人深思的图片（比如在融化的冰冠上伤心难过的北极熊），并呼吁大家"为了环境节约能源"。	
c. 清晰地传达所倡导的节能措施的明显好处，比如为公司节省资金。	

5. 你所在的部门已经找到了一种能显著提高工作效率的方法，你也热衷于尝试这个想法。但员工们对层出不穷的举措感到疲惫不堪，常常对新想法十分抵触。你会采取什么方法来打开他们的思路？

a. 给所有人提供两个选择：一个需要付出更多努力且更难实施，另一个则更实际。期望大多数人接受更轻松、更具吸引力的第二个选项。	
b. 让团队计算一下，由于没有采用这种新方法，他们目前浪费了多少时间。然后询问他们，如果采纳你提议的举措，节省下来的时间会用来做什么。	
c. 坦诚相待。承认之前有很多举措可能都没有成功，但强调，如果继续沿用"老办法"，部门就永远无法发展壮大。	

6. 你和你的团队正在领导一个急需更多资源的项目。但其他部门也在争夺有限的资源。当决策者分配资源时，你将如何说服他们优先考虑你的项目？

a. 对需要额外资源的各个项目进行全面分析，然后请一位你认识的与预算负责人关系密切的人替你说情。
b. 通过将项目资源不足的困境比作"一支参加 11 人制比赛却只有 6 名球员的足球队"，来描述其负面影响，说明这样比赛肯定会输。
c. 展示你的项目如何服务于共同目标，从而帮助其他部门。强调说明，如果你的项目资源匮乏，许多其他项目也将面临失败的风险。

7. 你在岗位上表现出色，认为自己理应加薪。你该如何说服经理，让他们相信你为公司创造的价值足以让你的薪资有所提升？

a. 要有同理心。承认你的经理肯定很厌烦总是有人来找他要求加薪。表明你正在努力，鉴于你良好的工作表现，你认为你的请求是合理且公平的。
b. 要大胆。告诉他你听说某些竞争对手公司给部分员工涨薪 15%，但你只要涨 10%，就很满意了。
c. 把握好时机。等到新预算年度开始时再提，这样你的请求在整体预算中所占的比例就会比现在小得多。

8. 你和你的同事正试图说服老板们，允许员工在某些日子远程办公，这将有助于提高工作效率，实现工作与生活的平衡。你将如何说服他们采取更灵活的方式？

a. 预约一系列与各经理的面对面会议，讲述员工在家办公时工作效率和员工幸福感提升的情况。
b. 准备一份 PPT，展示工作效率与幸福感之间的关系，指出通勤所浪费的时间和效率损失。
c. 你怀疑你的经理对居家办公持怀疑态度，所以争取到一位不仅支持居家办公而且自己也这么做的同事的帮助。有时候，重要的不是说了什么，而是谁来说。

9. 你开发了一款新产品，但早期反馈显示，一些客户对该产品的可行性持怀疑态度。你会如何构建一个主张，既清晰地传达该产品的益处，又能赢得部分持怀疑态度但又很重要的潜在客户的认可？

a. 制定一个教育客户的方案，使他们能够基于充分了解而非仅凭直觉来做出决定。
b. 与少数可信赖的客户达成协议，让他们试用产品并提供反馈，这样你就能共同调整并打造最终版本。
c. 将你的产品与一款如今广为人知且极其成功的产品进行类比，该产品在早期发布时也饱受质疑。

10. 你团队中的两名成员刚刚又发生了激烈的争执，这对团队其他成员产生了负面影响。你需要进行调解，说服他们友好合作。你会采取什么方法？

a. 把他们俩都安排到一个重要的、备受瞩目的项目中，让他们共同领导并负责成功交付。告知他们，有一位高管团队成员是该项目的发起人，暗示他们如果不能携手合作，就会在领导面前出丑。
b. 让他们超越分歧，建立联系感。安排一次会议，在讨论分歧之前，让他们先找出共同点，然后再深入探讨产生分歧的原因。
c. 采取强硬手段。明确指出如果他们不能妥善处理彼此间的不满情绪，可能会面临的后果和处罚，包括对他们两人都采取纪律处分。

评分表

完成测试后，请将每个场景的得分填写到评分表中。请注意，每行的答案顺序可能不同。填写完评分表后，请将每列的得分相加并填写总分。这样你就能得到基于事实、基于利益和基于情感的影响力方法的总体得分。

在"事实"方面得分最高：数据驱动型决策者

偏好以证据为基础进行论证的人通常注重细节，确保其建议和提案建立在坚实的数据和事实基础之上。他们投入时间进行深入研究，在构建说服策略时，精心收集并分析数据、事实、统计结果及专家意见。他们确保论点结构严谨、逻辑连贯，并引用可靠信息来支持其主张。在说服他人时，他们高度重视准确性和精确性。然而，这种对细节的关注有时可能导致信息过载或在对方反应迟缓时表现出不耐烦。

在谈论职场影响力时，这些人经常强调："事实才是关键。"

1	a	b	c
2	b	c	a
3	b	a	c
4	c	b	a
5	a	c	b
6	a	b	c
7	b	a	c
8	c	a	b
9	a	c	b
10	c	b	a
总分	事实得分：	情感得分：	利益得分：

在"情感"方面得分最高：富有同理心的演说家

那些将情感诉求置于论点核心的人，努力通过优先考虑情感而非事实来说服他人。他们常常设身处地为听众着想，以一种能在情感层面引起共鸣的方式调整信息，并考虑到不同的观点。他们与他人建立联系，培养信任，还会经常使用逸事和类比来使自己的论点更具亲和力和说服力。他们往往善于化解紧张局势,帮助人们找到共同点,并促进有建设性的对话。他们通常富有创造力,能够随机应变。有些人可能会指责他们过于理想化,甚至质疑其想法的可行性。

在谈论职场影响力时,这些人最有可能说:"关注情感!"

在"利益"方面得分最高:精明的计算行家

那些倾向于用务实且理性的方式影响和说服他人的人,通常会在论点中融入利益原因和激励因素。他们会系统地评估各种选择的成本与收益,并基于潜在的经济得失来构建其说服策略。他们偏好使用经济激励手段,认为大多数人对金钱、成本和资源的关注度较高。尽管这种务实的态度有时可能让人觉得他们像"电子表格成了精",但他们的方法在实际应用中往往非常有效。

在谈论职场影响力时,这些人最有可能强调:"这关乎利益!"

刚刚完成的测试并非旨在对你的个性特征或行为模式进行确切评估。有专门为此设计的更全面的测评工具,如果你有兴趣,可以轻松获取。本测试旨在提供一个关于你在影响和说服他人时所偏好的风格的简要反映。你可以将其视为了解产生影响力的过程的起点,并作为识别和提升自身技能的一种方式。

事实上,善于施加影响的人会根据具体情境灵活运用多种方法,而不会依赖某种单一策略。影响和说服他人的能力并非一成不变,它具有高度动态性和情境依赖性,需要灵活性、敏锐度和勇于尝试的精神。这一技能基于一系列稳固的原则,任何人都可以通过学习和实践来掌握。正如技艺精湛的厨师巧妙融合各种味道,或调酒师精心调配鸡尾酒成分一样,善于施加影响的人之所以成功,是因为他们能够在诉求和论点中巧妙地结合事实、利益和情感,找到最佳的平衡点。

第二章
影响力的历史沿革

第一幕

影响力的历史源远流长。自人类诞生以来,吸引观众的注意力、说服犹豫不决的人以及激励人们改变,一直是人们不懈的追求。关于如何影响他人的最早的书面记录并非出自古希腊哲学家之手,而是来自古埃及和古代中国的文献。普塔霍特普(Ptahhotep)是埃及第五王朝时期的一位城市管理者和维齐尔(类似于现代部长)。他于公元前 24 世纪初撰写了《箴言》(Maxims),该书被广泛认为是世界上最古老的教科书。他在书中提出了改善社会的建议与智慧,鼓励公民建立"宇宙秩序"和"社会和谐"。他讨论了良好餐桌礼仪的重要性、如何在社交场合中举止得体,以及如何与好争论的人讲道理(或者更好的是,避免与他们争论)。[1] 作为一部已有 4000 多年历史的文献,《箴言》可能是世界上最早记录社会影响力的著作。

老子,一位中国的"古代圣贤",同样撰写了一部古代典籍《道德经》,为民众提供了深刻的见解与智慧,这部典籍后来对中国主要的哲学与宗教流派产生了深远影响。该书至今仍在印刷出版，其影响力可见一斑。[2]

尽管这两本书最初都是为人们撰写的有关智慧和建议的手册，但有趣的是，它们在说服各自读者时所采用的方法相差甚远。普塔霍特普在书中详述了读者若不听从其建议将会面临的负面后果，书中有很多故事描述了若人们不遵从建议将会失去什么。而老子的方法则积极得多，他着重强调若读者听从其教诲将会获得的好处。有关两种方法的辩论，无论在当时，还是在当下，都具有重要意义。在试图说服他人时，是应该强调听众若遵循你的提议将会获得的好处，还是不遵循你的提议将会面临的困境？几千年后，这一辩论仍在继续。

回顾影响力和说服力的历史，人们大多关注的是古希腊哲学家的著作，尤其是公元前4世纪的亚里士多德（Aristotle）。他在说服过程中的许多思考，就如同古埃及和中国先辈们的智慧一样，即使在今天依然对我们有着重要的启发和价值。

亚里士多德是一位先驱。他的著作《修辞学》（*Rhetoric*）虽然并非为出版而写，但仍然是关于说服过程的最重要的著作之一。亚里士多德认为，有效的说服主要有三条途径：逻辑（logos）、信誉（ethos）和情感（pathos）。[3]

"逻辑"指的是理性或逻辑推理。亚里士多德认为，任何有说服力的诉求的核心,都是个人或团体所持有的、旨在产生影响的观点或主张。他将这种说服方式称为"论证性说服",这是一个法律术语,意味着发言者或提议者有责任提供支持其观点的证据或事实。逻辑为构建有说服力的论点提供了结构框架,因为它暗示了所提出的观点与受众已有的事实和信念之间存在内在联系。例如,一家健康食品公司在广告中提供其产品营养价值的统计数据,就是运用逻辑的一个典型例子,尤其对于那些自认为是健康意识强的消费者而言。

亚里士多德提出的第二条说服途径是"信誉",这不仅涉及传播者的言论,更关乎其品格。发言者是否可信?他们是否看起来值得信赖?在具体说明什么样的沟通者可信或值得信赖方面,尽管亚里士多德提供的信息不多,但他提出了一个有用的见解,即个人或群体更可能被传达者而非信息本身说服,尤其在举棋不定的时候。尽管相比之下,人们更容易、更迅速地追随可信的说话者,但在选择摇摆不定的事务中,人们尤其会被寄望于做出决定。(与亚里士多德不同,本书对如何造就一个可信且值得信赖的影响力人物进行了深入探讨,相关内容将在后续章节中详述。)

这一点非常重要。这表明——且在无数例子中得到证实,通常起作用的并非信息本身,而是传递信息的人的某个特质产生了说服力。这一概念在某些"网红"、气候变化否定论者或政客的身上得到例证。这就是为什么即便他们所宣扬的内容毫无根据，却仍能被倾听并获得影响力。让他们有影响力的并非他们所说的内容（逻辑），而是人们认为他们是什么样的人（信誉）。

亚里士多德提出的说服的第三条途径是"情感"。他指出，一个人或群体受到的影响程度取决于他们所听到的提议能否引发某种情感，这种情感会直接或间接地影响他们的判断。在一段极具远见的论述中，亚里士多德观察到，法官在心情愉悦时对囚犯行为的看法，与愤怒时对他们行为的看法大不相同。我称其为极具远见是有充分理由的。数千年后的2009年，一项对司法系统中超过1000个判决的审查发现，囚犯获得保释的可能性在早晨达到65%的峰值，但在午餐前几乎降为零。[4] 或许监狱管理人员优先安排行为记录最为良好的囚犯，也就是最有希望获得假释的囚犯首先出庭？但这无法解释为何午餐后保释率又回升至65%，而且每次休息之后都是如此。一个更好的解释是亚里士多德所说的"情感"因素。起决定作用的并非案件本身的利弊（逻辑），也不是囚犯的可信度或为其辩护的人的可信度（信誉），而是他们当时的心情（情感），这直接左右了判决结果。午餐前，法官们是带着"饿怒"的心情看待这些囚犯的。

几个世纪之后，古罗马帝国也产生了重大且持久的影响，但其方式更为正式和系统化。古罗马人率先确立了法律程序和规范，包括陪审团审判、公民权利法、遗嘱书写以及企业与公司的注册等制度，这些制度至今仍在沿用。此外，古罗马帝国还催生了另一个与之相关的现代现象：付费代言人。

如今，人们常常讨论那些收入不菲的名人和体育明星通过接受企业的巨额资金为其服装、化妆品或智能手机做宣传以增加收入。然而，这些金额与古罗马时代的付费代言人相比则显得微不足道。除了获胜奖金的一部分，最优秀的角斗士还经常因宣传而获得额外报酬。例如，参加战车比赛的职业选手盖乌斯·阿普列乌斯·迪奥克勒斯（Gaius Appuleius Diocles）被认为是历史上收入最高的运动员之一，他的大部分财富来自付费代言。在其截至公元146年，长达24年的职业生涯中，迪奥克勒斯累计获得了近3600万塞斯特斯（约合当今120亿美元）的奖金。[5]

历史上的许多文学巨匠不仅是杰出的作家，同时也对影响力产生的过程有着敏锐的观察和精准的评论。威廉·莎士比亚（William Shakespeare）通常将说服视为一种阴暗的艺术形式。因此，在他的多部戏剧中，说服常常被描绘为阴谋和诡计的手段。例如，在《终成眷属》（All's Well That Ends Well）中，粗鄙而善变的帕洛里斯（Parolles）怂恿年轻的伯爵伯特兰（Bertram）利用自己在宫廷中的地位，去追求那些地位显赫的女子。[6]有趣的是，"帕洛里斯"这个词的字面意思是"言语",暗示他只是夸夸其谈,毫无信念。或许通过帕洛里斯这个角色,莎士比亚给当时的潜在说服者上了一课,这一教训至今仍然适用:言语可以带你走得很远,但如果没有实际行动相随,它们最终会变得毫无意义。

莎士比亚并非唯一对影响力持批判态度的文学大师。奥斯卡·王尔德(Oscar Wilde)1891年的小说《道林·格雷的画像》(*The Picture of Dorian Gray*)对影响力提出了令人担忧的看法。[7]小说中的核心人物亨利勋爵擅长用他的机智和魅力来打动、影响甚至欺骗他人。他让多里安对诸多迷人却最终有害的理论深信不疑,此时他显得兴高采烈,并宣称:"一切影响都是不道德的。"

他进一步解释道:"因为影响一个人,就是把自己的灵魂赋予他。"

第二幕:从艺术到科学,从黑暗到光明

在人类存在的大部分时间里,影响力通常被视为某种艺术形式,而且往往是黑暗的艺术。这是一种天赋,只有少数幸运儿才能拥有,他们能够运用、发挥并施展这种力量,对那些在演讲艺术和政治手腕方面不如他们的人施加影响。

但在过去的75年左右的时间里,我们看待影响力这一主题的视角发生了显著变化。影响力发挥作用的过程越来越

被视为一门科学而非仅仅是一门艺术,心理学家、神经科学家以及一些著名的经济学家在这一领域的理解和实践方面发挥了引领作用。这一转变的一个重要催化剂出现在第二次世界大战后最初的几个月和几年里。好奇心常常与财富相伴,而在普通消费者权力上升的背景下,心理学研究获得了更多的资金支持。研究者们尤其感兴趣的是,社会和情感因素在影响和改变过程中所扮演的角色。

社会与组织心理学先驱[8]库尔特·勒温(Kurt Lewin)的研究成果引起了研究者的极大兴趣。心理学家利昂·费斯汀格(Leon Festinger)提出了"认知失调"(cognitive dissonance)这一术语(即当我们持有矛盾想法时所经历的心理负担),[9]他的研究迅速崛起,并引发了一系列新的研究和洞见。这些成果至今仍是我们试图影响他人的核心理论基础。

美国心理学家 B.F. 斯金纳(B.F.Skinner)等研究者认为,自由意志是一种幻觉。斯金纳宣称,人们的行为很大程度上受到强化的影响。如果某次行为的结果是消极的,那么这种行为就不太可能被重复。然而,如果某种行为的结果是积极的,那么这种行为被重复的可能性就会大幅提高。[10]毫无疑问,这一标准至今仍被许多感到挫败的父母采用。

波兰裔美国心理学家所罗门·阿希(Solomon Asch)进行了一项心理学中最为著名的实验之一。他让参与者在目睹其他"参与者"（实际上是"托儿"）给出明显错误的回答后，再去判断一条线的长度。通过这一实验，阿希揭示了人们为了融入群体，往往愿意放弃自己的独立判断。[11] 土耳其裔美国社会心理学家穆扎弗·谢里夫（Muzafer Sherif）是另一位重要的贡献者。他的"罗伯斯山洞实验"（Robbers Cave experiment）揭示了群体动力学在塑造行为和态度中的作用。[12] 这一研究至今仍是解释当今组织中普遍存在的两极化和孤立化思维的有力叙事。

随着有关影响力的科学研究如雨后春笋般涌现，这些研究越来越关注以人为本。人本主义心理学的早期奠基人卡尔·罗杰斯（Carl Rogers）提出了一种名为"来访者中心疗法"的方法。与传统的强加观点不同，罗杰斯主张将理解和接受他人的观点置于首位，以此来实现有效的改变。[13] 尽管他主要活跃于临床领域，但其理念在商界也广受欢迎。戴尔·卡耐基（Dale Carnegie）的《人性的弱点》（*How to Win Friends and Influence People*）一书早已成为经典，它所倡导的正是类似的以当事人为中心的方法。[14] 卡耐基原本是曼哈顿基督教青年会（YMCA）夜校的教师，他强调通过调整自己对他人行为的态度来影响他人。这一理念显然至今仍具有广泛的影响力。《人性的弱点》是史上最畅销的书籍之一，至今仍出现在文学畅销书排行榜上。就连著名投资者沃伦·巴菲特（Warren Buffett）也是其拥趸，他自豪地宣称自己办公室墙上唯一悬挂的证书就是卡耐基课程的结业证书。

但可以说，美国心理学家罗伯特·B.西奥迪尼（Robert Cialdini）是近年来对影响力科学研究最重要的贡献者。西奥迪尼表示，他对影响力和沟通过程产生兴趣的原因之一是他的成长经历。他出生于西西里裔家庭，生活在一个以波兰人为主的社区，而这个社区又位于以德国人为主的密尔沃基市，紧邻美国五大湖区。西奥迪尼描述了他小时候为何需要采用多种沟通策略，以适应每天接触的各种文化和社会规则。仅这一点可能就为他未来对人类状况的探索奠定了基础。但还有另一个原因：西奥迪尼自称是一个"容易被说服的人"。他经常提到自己是如何成为任何潜在说服者的"易攻目标"，无论是那些试图向他推销他并不感兴趣的环卫工人年度舞会门票的人，还是那些向他推销订阅他可能永远不会阅读的杂志的人。西奥迪尼对现代影响力理解的贡献，正是源于一个简单的事实——他曾经是一个"容易上当的人"。

西奥迪尼在说服心理学领域长达45年的研究生涯，为那些希望提升说服力的人提供了一种既有效又实用的影响力方法。除了经济激励之外，西奥迪尼认为，任何人都可以通过将自己的信息或要求与影响力的七大法则之一结合起来，来提高自己成功影响他人的能力[15]。

1. 互惠法则（Reciprocity）：如果我们先为他人做了某事，他们更有可能对我们说"是"。

2. **喜好法则（Liking）**：我们越喜欢他人，他人也越喜欢我们，他们就越愿意对我们说"是"。

3. **团结法则（Unity）**：如果他人不仅认为我们与他们有共同点，而且认为我们是他们中的一员，他们就会优先考虑我们的请求。

4. **权威法则（Authority）**：如果他人认为我们是专家，他们接受我们建议的可能性就会增加。

5. **社会认同法则（Social Proof）**：当他人发现与自己相似的人也在做同样的事情时，他们更有可能接受我们的提议。

6. **信守承诺法则（Consistency）**：如果我们的提议与他们的价值观或他们之前做出的承诺一致，我们的提议会更具说服力。

7. **稀缺法则（Scarcity）**：如果我们的提议是独特的或正在变得越来越稀缺，人们会更想要它。

西奥迪尼的研究十分重要，且在工作领域具有实用和深远的意义，因此第七章将详细探讨这些法则。

新与旧

从许多方面来看，影响力并不是什么新鲜事。但从其他许多方面来看，影响力的格局已经发生了巨大变化，甚至超出了伟大哲学家和历史学家们的合理预见。信息时代的到来和社交媒体的出现，永远改变了我们施加影响力的方式。如今，只需点击按钮或滑动屏幕，信息和数据就能轻松获取。我们今天在社交网络和社区中接触的人，可能是上一代人从未接触过的。此外，依赖事实和智慧来战胜虚构和愚蠢的时代也已经一去不复返了。

职场也发生了变化。扁平化的工作结构和矩阵组织的出现，意味着职位并不总是等同于权力。我们互动的环境和地理范围也发生了变化，因为这些互动越来越多地以虚拟方式进行。所有这些都迫使我们重新思考如何与他人沟通、如何影响和说服他们。

人们对影响力的看法也发生了变化。尽管影响力不太可能完全摆脱其作为潜在操纵和阴谋手段的坏名声，但许多人现在已开始以一种更开明的眼光来看待它。影响力和创造变革的能力，正日益被视为应对我们在职场、家庭、社区以及更广泛的社会中所面临挑战的潜在答案的一部分。因为如果没有影响力，就无法带来变革。

但影响力到底是什么？关于如何获得影响力，人们有哪些误解和错误认知？成功的影响力和变革背后，有哪些基本的人类动机？我们将在下一章中讨论这些问题。

第三章
影响力：定义、迷思与驱动因素

什么是影响力？

影响力可以被定义为对个人或事物施加影响的能力。该词源自拉丁语"influens"，意为"流入"。影响力可被视为由外部输入或干预所引发的个体或群体决策、行动或行为的结果。这些输入或干预可能包括信息或数据，如商业提案、营销人员的主张或统计数据；也可能是激励措施，如达成销售目标后的奖金，或是不作为的惩罚，如未按时提交纳税申报表而面临的罚款；还可能是一个能够引发情感共鸣的想法或故事，如慈善机构利用贫困和弱势群体的图像来激发公众捐款。简而言之，影响力是指在特定时间点上改变他人行为或决策的效果。值得注意的是，影响力与说服力不同。

"说服"一词源自拉丁语"persuadere"，意为最终确定或达成。与"影响"相比，说服更应被视为一种随着时间推移而发生的内在变化，这种变化可能导致人们从根本上改变其观点。区分影响力和说服力具有重要意义，因为我们可以影响他人的决策、行为和行动，却不一定能够让他们心甘情愿地改变想法。例如，选民可能对所有参与竞选的候选人的政策持保留态度，认为这些政策既难以区分又显得无能。在投票时，他们可能会基于熟悉度或名字相似性选择一位候选人。他们受到影响，根据感知到的共性采取行动，但他们没有因被说服而改变对他们选择的候选人的看法。

尽管"影响力"和"说服力"这两个术语常被交替使用（本书作者也不例外），对于大多数职场专业人士而言，影响力通常是优先考虑的技能——至少在初期是这样。特别是当工作涉及传达理念、推销产品、吸引受众、寻求帮助或赢得他人支持时，影响力显得尤为重要。

影响力之所以在理想的职场技能清单中占据重要地位，关键原因在于它被视为管理者和领导者不可或缺的工具。领导力的核心在于通过他人实现目标，而管理则侧重于组织人力和资源以达成既定目标。在这两种情境下，影响力都是至关重要的。

拥有影响力意味着掌握权力，但反过来却未必成立。高级头衔和优越职位或许能带来表面的顺从与服从，但依赖"权威效应"取得的成功往往是短暂的，难以赢得真正的信任和支持，并且通常会让人感到疲惫不堪。同样地，通过操纵性言论和不正当手段迫使他人就范，不仅容易引发怨恨，还会削弱未来获得真正影响力的可能。

权力确实具有显著的影响力。15世纪文艺复兴时期的政治理论家尼科洛·马基雅维利（Niccolò Machiavelli）在其著作《君主论》（*The Prince*）中指出，所有领导者都面临一个挑战：既希望受人爱戴又希望令人敬畏。[1] 心理学家长期以来一直认为，人们在评判他人时主要依据两个特征：热情与力量。研究表明，90%的人对他人的印象好坏取决于他们是否被认为热情或强大。[2] 我与同事约瑟夫·马克斯（Joseph Marks）博士共同开展的研究表明，人们会感受到两种不同类型的信息传递者的影响力：强硬型和温和型。[3] 强硬型信息传递者之所以被倾听，是因为他们在听众面前拥有某种地位。他们可能很强势、具备更高水平的专业知识；他们可能有钱、有名，或外表出众。相比之下，温和型信息传递者之所以被倾听，是因为他们与听众之间建立了某种联系。他们被视为温柔亲切的人，可能被认为是脆弱、值得信赖或富有魅力的。

哪一种更好呢？马基雅维利认为，理想状态是既受人爱戴又令人敬畏。但当这种理想无法实现时，他主张惧怕胜过爱的纽带，认为惧怕是激发遵守纪律更可靠的方式。他指出："如果不能两者兼得，那么令人畏惧胜过受人爱戴。"

尽管这听起来可能不太吸引人，但许多人认为马基雅维利的观点在某些情况下是正确的。如何确定权力与力量的策略是否会胜过更温暖、更有联结感的策略，一种方法是看潜在的说服者希望获得哪种影响力。这里涉及两种不同类型的影响力，其中，交易型影响力（transactional influence）侧重于完成任务。这是一种以结果为导向的影响力，关系被置于次要位置。它优先考虑直接、简洁的沟通，并且更看重力量与信念，而非温暖或被他人喜欢的需求。

相比之下，变革型影响力（transformational influence）关注的是全局，以及当下的行为如何可能对更大的事业产生深远的影响。这种影响力试图带来更具可持续性的结果。对于希望实现变革而非交易的影响者，建议采取一种更柔和、更具同理心和鼓励性的方式，而不是依赖权力博弈。正如戴尔·卡耐基在其著作中所强调的，他们应先建立良好的人际关系，然后再施加影响。心理学家杰克·曾格（Jack Zenger）和约瑟夫·福克曼（Joseph Folkman）在2014年对5万多名经理进行的一项研究也得出与此一致的结论。他们发现，只有27个人同时处于受欢迎程度最低的1/4和领导效率最高的1/4。[4]换句话说，在一个组织中找到一个被个人厌恶、但被推崇为好领导的经理的概率约为1/2000。

历史表明，成功的影响者往往是灵活的沟通者。他们能够在力量与温暖之间切换自如，以适应不同的情况和环境，这是其一项重要特质。此外，成功的影响者还具备另一项重要特质：他们深刻理解影响力发挥作用的过程中的某些迷思与误解。其中3个特别值得深入探讨。

迷思与误解 1

提供信息 = 获得影响力

想象一个典型的工作日。你几点起床？早上6点，7点，或者更晚？在同一天，你通常几点睡觉？晚上10点半，11点？也许你更像一只"夜猫子"而不是"早起的鸟儿"。无论如何，你很可能与大多数职场人士相似，他们在平均工作日中，醒着的时间在16~18小时。

现在再来思考一下。在这16~18小时中，你有多少时间是在接触试图吸引你注意力、让你思考某事或以某种方式行动的信息？想想你收到的所有消息和电子邮件。再想想所有的短信、社交媒体帖子、报纸文章、电话和广告。还有那些试图引起你注意的人——你的伴侣、孩子、同事，还有工作本身。对我们许多人来说，开始上班就像触发了一场信息雪崩，各种数据、报告和提案接踵而至，需要我们应对。

日常生活中一件不可否认的事情是，我们所有人都需要应对几乎源源不断的信息流。其中一些信息是受欢迎的，但大多数并非如此。历史表明，这个问题只会愈演愈烈。当我们进入21世纪时，英国公民平均每天接触到约2000条信息（美国公民几乎翻倍）。在20世纪10年代初期，互联网上充斥着这些数字已上升到10000~30000之间的说法（尽管这些说法难以验证）。⁵ 一些人认为，社交媒体的普及和智能手机的随身携带，使得这一数字几乎无法统计。但这并没有阻止一些研究者尝试。研究公司 Datareportal 在 2021 年发布的一份报告称，美国公民平均每天花费近 7 小时上网，再加上几乎无穷无尽的其他线下刺激，如工作场所和家庭生活的需求以及更多的广告，总数据量接近 74GB。⁶

信息过载的环境对人们的决策能力以及我们的影响力所带来的影响应该是显而易见的。受众接受更多信息的能力是有限的。然而，许多人似乎忘记了这一点，仍然坚持一种观念：只要他们向人们提供信息，人们就会被这些信息影响。但就像往一个已经装满水的桶里倒水一样，许多针对我们的信息只是从我们早已饱和的大脑边缘流走。

这就是为什么认为我们可以简单地通过提供信息来促使人们改变的想法是错误的。事实上，几乎没有证据表明，仅仅提供信息就是一种有效的施加影响力的方法。我们告诉吸烟者他们不应该吸烟，我们被告知应该多锻炼，我们被提供了关于为什么应该更健康饮食、减少屏幕使用时间和多睡觉的数据。然而，仅仅告诉人们（以及我们自己）做这些事的好处（或不做这些事的危害）往往收效甚微。提供信息与获得影响力之间的关联通常是薄弱的。

但我并不是说信息在影响他人时是无效的。事实上，在正确的背景下，信息可以非常有效。关键是要理解，在成功的说服过程中，重要的不一定是信息本身，而是信息如何被呈现。在第四章中，我将探讨三种呈现信息的方式，这些方式可能决定你的信息是能够成功说服别人还是被置若罔闻。

然而，毫无疑问，如果你认为最有效的施加影响力的途径是通过提供事实和数据来促使人们改变，那么你也应该做好准备，就像萨姆和杰克一样，你会花费大量时间，却发现人们看似不愿被你说服，这会让你感到沮丧。

迷思与误解 2

改变思想 = 改变行为

20世纪90年代，仅有10%的美国人认为听从健康专家的建议，每天吃五份水果和蔬菜是很重要的。为了解决这个问题，美国农业部在接下来的10年里花费了数百万美元来开展各种活动以改变人们的观念。乍一看，这笔钱花得值。2002年，一项大型跟踪调查显示了人们的观念是如何转变的。与前十年的10%相比，研究表明，现在有35%的美国公民认为每天吃五份健康专家推荐的食物很重要。[7]然而，零售商的销售数据显示，水果和蔬菜的人均消费量几乎没有变化。

这是影响力研究中常见的发现。人们的态度和信仰与他们的行为之间往往存在矛盾。我住在离伦敦不远的一个郊区，英国教育标准局（Ofsted，一个负责检查教育服务的政府机构）报告说那里有好学校。因此，许多家庭搬到这里，希望为他们的孩子争取到好学校的名额。早晨步行去火车站的路上，观察家长们送孩子上学的行为颇为有趣。有些家长在路的两边停车，导致交通堵塞；有些家长则直接开上人行道，确保他们的宝贝孩子能尽可能靠近学校大门下车，这让行人（包括其他带着孩子的家长）不得不绕行于车辆的迷宫之中，同时吸入那些大排量SUV排放的废气。有趣的是，许多这样的车辆在保险杠和挡风玻璃上都贴着"拯救地球"的贴纸，以及其他支持环保的标语。

但这种不一致或许是可以理解的。车主热衷于宣布他们与一个流行的、社会认可的信念相一致，他们愿意相信保护环境是件好事。但是他们也想成为更好的、更贴心的父母，所以当他们面临更直接的目标（与保护环境存在冲突）——把约翰和萨莉安全送到学校门口时，孩子们的需求自然被放在了首位。

在现实生活中，这样的例子比比皆是：为了实现某个具体的目标，我们常常不得不采取与自身更广泛的立场或信念，或者至少是希望别人认为我们拥有的立场或信念，相矛盾的行为。许多人持有强烈的政治观点，如社会公平，但却通过支持助长不平等的政治政策偏离了这些信念。尽管相信量入为出很重要，许多人还是屈服于周末去商店购物的即时满足感。尽管我们知道把今天应该做的事情推迟到明天会有什么后果，我们还是会拖延。

被他人视为始终如一是一种令人向往的人类特质，它能提升我们的自尊心。事实上，我们大多数人更喜欢以符合我们态度和信仰的方式行事。因此，我们很容易相信其他人也是如此，并认为要改变人们的决定和行动，我们必须首先改变他们的想法。然而，改变人们的想法并非易事。要感受一下这有多难，您可以试着思考一下极化问题（polarisation）专家艾莉森·戈德斯沃西（Alison Goldsworthy）、劳拉·奥斯本（Laura Osbourne）和亚历克斯·切斯特菲尔德（Alex Chesterfield）在他们广受欢迎的播客《改变我的想法》（*Changed My Mind*）中向嘉宾们提出的问题："你上一次在重要问题上改变想法是什么时候？"如果你像许多嘉宾一样难以回答，也不必感到惊讶。

尽管改变人们的想法很难，但在影响他们的决策和行为时，通常并不需要这样做。是的，你没看错。正如我的两位同事在 2022 年进行的一项"职场影响力"研究所表明的那样，我们并不总是需要通过改变人们的想法来影响他们的行动和行为。

穿山甲——一种原产于非洲撒哈拉以南的食蚁哺乳动物，有着过长的舌头、尖尖的鼻子和布满鳞片的身体，实在算不上是漂亮的生物。然而，它们这些不讨人喜欢的外表并没有让偷猎者和走私者对其失去兴趣。这些人会将穿山甲的鳞片剥下用于中药，然后将剩下的尸体卖给无良餐厅，作为菜单之外的、严重违法的"珍馐"。这种行为规模庞大且广泛。据环保慈善组织世界自然基金会（WWF）估计，每年有近25万只穿山甲被杀害。[8]

众所周知，偷猎和野生动物走私等问题历来难以解决。许多行为的根源可以追溯到长期以来的习俗和根深蒂固的文化信仰。对于一些贫困社区来说，尽管这种行为是非法的且令人反感，但它可能是为数不多的可靠收入来源之一。腐败也是背后的原因之一。同时，问题的规模之大也使得解决起来尤为困难。成千上万名偷猎者和走私者以工业化的规模运作。国际刑警组织（Interpol）估计，这一市场的年价值超过200亿美元。[9]

复杂的、多层面的且往往是文化上根深蒂固的问题，需要采取广泛的政策和方法来应对。政府间联合起来减少腐败是一种有效途径。同样，私人组织与非营利机构之间的合作，也能通过开发、投资，以及推广更具可持续性的替代生活方式来发挥作用。此外，通过实际影响那些消费非法野生动物的人的行为来减少需求，而不仅仅是试图改变他们的想法，也是至关重要的。

这正是两位行为科学家埃洛伊丝·科普兰（Eloise Copland）和奥利维亚·帕蒂森（Olivia Pattison）在越南各

地成功开展的工作。他们与当地非政府组织合作，试验了各种影响力技巧，旨在说服餐馆顾客停止从秘密菜单中订购穿山甲和其他非法野味。这些劝说性信息包括一条表明大多数人不吃野味的信息，以及另一条表明吃野味的人会受到强烈反对的信息，结果使野味消费量减少了近50%。[10]

该项工作结束后，科普兰和帕蒂森进行了后续的调查和内隐联想测验（旨在检测潜意识关联的评估），以观察她们记录的消费量减少是否导致了她们对食用非法交易肉类的态度或信念的任何改变。结果并未改变。尽管这项工作成功改变了一些餐馆顾客的行为，但他们的信念和态度依然保持不变。

尽管人们可能喜欢将自己看作可以不断更新信念和态度的灵活、适应性强的生物，但现实往往并非如此。改变是困难的，对于我们这些在工作中难以影响他人的人来说，记住这一点很重要。尽管我们可能想让人们相信他们的观点是错误的，而我们的观点是正确的，但这种心态和方法很少会产生预期的结果。

同样值得提醒自己的是，我们在工作中面临的许多影响力挑战只需要我们赢得结果，而不一定需要争辩出谁对谁错。赢得结果并不一定需要我们改变他人的想法，而只需要改变他们的决定和行为，这往往更具可塑性和灵活性。当然，如果你成功改变了某人的行为，而他们的想法也开始随之转变，那就算是锦上添花了。

只是不要对此抱有太多期待。

迷思与误解 3

询问人们什么能说服他们

与沃伦·巴菲特（Warren Buffett）、比尔·盖茨（Bill Gates）和查尔斯·汉迪（Charles Handy）等当代商业智者的评论相比，古希腊哲学家的思想很少出现在全球董事会和企业培训项目中的沟通、管理和销售培训课程中。然而，有一个想法却经常被负责为员工提供这些技能培训的顾问和教练引用。

公元前 3 世纪的斯多葛学派哲学家爱比克泰德（Epictetus）认为，每个人的人生使命在于不断锤炼和重视自身的品德修养。他认为，名声、财富和声誉等因素应被视为与过好生活的主要目标无关。正是爱比克泰德提出："上帝赋予人们两只耳朵，却只赋予人们一张嘴，说明人们应该多听少说。"[11]

人们只能猜测，当爱比克泰德得知他的名言已成为激励专业人士实现他认为毫无意义的名利的主要手段时，他会作何反应。尽管如此，他的观察还是做得很好。许多人认为，如果人们听从爱比克泰德的建议，多倾听，世界会变得更美好。我也同意这一点，但有一个重要的前提。

数十年的说服研究得出的一个共同结论是，人们在识别最有可能影响他们未来行动和行为的因素方面表现得很差。因此，虽然我完全同意询问人们什么可能影响他们并仔细倾听他们的回答非常重要，但我也建议你不要总是从表面价值上接受他们的回答。

一个很好的例子来自韦斯利·舒尔茨（Wesley Schultz）、杰西卡·诺兰（Jessica Nolan）、罗伯特·B. 西奥迪尼、诺亚·戈尔茨坦（Noah Goldstein）和弗拉达斯·格里斯克维丘斯（Vladas Griskevicius）进行的一系列研究。[12] 南加利福尼亚的房主被要求按照说服力强弱对四条旨在说服他们减少能源消耗的信息进行排序。第一条信息传达了节约能源如何有助于满足社会减少排放的更广泛需求。第二条信息表示，通过节约能源，他们将能保护子孙后代。本质上，这条信息是："为你的孩子和孙辈做这件事。"第三条信息强调了普通家庭通过减少能源消耗可以节省多少钱。第四条信息采取了不同的方法，简单地告知家庭，他们的许多邻居已经在寻找节约能源的方法。

受访家庭一致认为，强调他们的努力如何有助于实现更广泛社会目标的信息最具激励性，也最有可能影响他们的行动。其次是关于保护子孙后代的信息。第三条具有激励性的信息是节省金钱的信息。指出他们的邻居已经在节约能源的信息被评为最不具激励性或说服力的信息。

然而,研究人员并不完全相信这些结果,因此他们设计了一个巧妙的实验。在几周的时间里,他们安排家庭通过贴在门前的标志接触到四种信息中的一种。第一组居民看到的信息是节约能源可以保护环境。第二组看到的信息是描述节约能源对子孙后代的好处。第三组被告知通过节约能源可以节省多少钱。第四组看到的信息是他们的许多邻居已经在积极节约能源。在接下来的一个月里,研究人员通过记录电表读数和称量回收物品来衡量每种信息的影响及其对期望行动的效果。

请记住,大多数人说,关于保护环境的信息最有可能说服他们节约能源。然而,接触到这条信息的人根本没有改变。"为孩子们做这件事"和"为了省钱"的信息也没有取得好的效果。在影响行为改变方面,唯一产生有意义的影响的信息是关于邻居的那条信息,而受访家庭曾一致认为这条信息毫无影响力。

人们不仅不擅长识别什么会影响他们未来的决定和行动,在事后反思时,他们也同样可能对什么说服了他们视而不见。几年前,我的一位同事受邀作为嘉宾参加一档时事电视节目,讨论人们在日常非紧急情况下何时以及为何会帮助他人。电视摄制组之前曾走上街头为演播室讨论拍摄素材。其中一段录像是在一个繁忙的路口拍摄的,观察者统计了有多少路过的通勤者向在火车站入口附近表演的街头音乐家捐款。结果是很少有人捐款。直到一个"托儿"将钱投进了表演者的帽子里。随后,观察者统计到,看到别人捐款后,通勤者的捐款人数立即增加了8倍。

然而,这段预先录制的影片中最有趣的部分或许是之后的采访。没有一个通勤者将他们的行为归因于看到别人先捐了钱。相反,他们为自己的行为提供了一系列其他(且完全错误)的理由。"我是个慷慨的人。""我为他感到难过。""他演奏了我喜欢的歌曲。"

事实上,大多数人在事件发生前后都不太擅长识别影响他们做决定和行动的因素,这给我们这些有兴趣说服他们的人带来了一个难题。花费时间、精力以及潜在的高昂成本与同事、客户或顾客讨论什么会说服他们,可能会得到一些不可靠的回应。需要明确的是,这里的建议并不是停止询问。因为搞砸一段重要的关系或者错过一个可能带来收益的机会,这风险可不小,所以咱们还是得好好听听他们的回答。这里的建议是要意识到他们对问题的回答可能带有美化色彩。用稍带怀疑的态度看待这些回答可能会有帮助。同时,记住爱比克泰德的观察也很有用:我们接收信息的工具是传递信息的工具的两倍。提出一些澄清问题以深入探究,通常是一个好的做法。

动机：人们为何决定、行动和改变

如果试图通过告知来促使人们改变是不可靠的，试图改变人们的想法以希望他们改变行为是令人疲惫且大多无效的，而询问人们什么会说服他们又不可靠，那么我们这些试图影响他人的人还能做些什么才能更有效呢？一种方法是，确保我们的要求、建议和提议能够贴近我们所有人共同拥有的几种核心动机之一——准确性（accuracy）、联结性（connection）和自我（ego）。这样更容易引起共鸣，并获得积极的回应。

据说已故的埃尔斯特里的格雷德（Grade）勋爵喜欢讲一个故事：有一天，一个年轻人来到他的办公室面试工作。当时是早上7点30分，这位贵族抽着他早上的第2支哈瓦那雪茄，专注地盯着求职者看了片刻，然后拿起一个大水壶放在桌子中央。"年轻人，"他说，"我得到可靠消息，你是个相当有说服力的人。所以，把这壶水卖给我。"

年轻人毫不畏惧，从椅子上站起来，走到房间的角落，拿起一个装满废弃文件的废纸篓。他将废纸篓放在水壶旁边的桌子上，专注地盯着他的面试官几秒钟，然后冷静地划了一根火柴，扔进了废纸篓。当火焰迅速蹿升到一个令人不安的高度时，年轻人转向他的潜在雇主，问道："这壶水你愿意出多少钱？"[13]

这个故事为任何想要提升影响力的人提供了一个有用的经验。为了完成这笔"交易",年轻人并没有试图通过指出水壶的具体事实或特点来说服格雷德勋爵,也没有引入任何经济激励。相反,他只是改变了提供水壶的情境。它不再是一种可能令人耳目一新、解渴的饮料,而成了应对熊熊火焰的急需工具。这位年轻人巧妙地理解了如何通过改变提议的心理情境,使其与人类的基本动机相一致,从而影响他人的决定和行动。他最终得到了这份工作。

年轻人触发的具体动机是"准确性"。准确性描述了一种根深蒂固的基本人类动机,即在当时的情境和限制下,去做那些看起来正确的事情。在格雷德勋爵的桌子上火焰逐渐蔓延的情境下,他当下的动机就是去做最准确的事情——灭火。因此,这件事立刻在他的脑海中成为优先事项。准确性是三大基本动机中的第一个。另外两个是"联结性"(通过行动与他人建立联系的动机)和"自我"(以让我们对自己和自身行为感到满意的方式行事的愿望),它们同样值得牢记,因为无论是单独还是组合出现,它们都位于所有成功的影响力策略的核心。而且,它们还被巧妙地打包成一个容易记住的缩写词:ACE(准确性、联结性、自我)。

在逐一探讨这三种动机之前,让我们先思考一下为什么它们在影响和说服过程中如此重要。想象一下,你站在一个没有窗户的黑暗房间中央,四周一片漆黑。幸运的是,你知道墙上有一个触手可及的电灯开关。你按下开关,房间立刻亮了起来。是什么让灯亮起来的?是按下开关的动作,对吗?其实,并不完全是这样。开关本身并不提供电力,真正点亮灯的是系统中的电流。开关只是完成了电流和灯泡之间的电路连接。如果没有电流,按下开关也毫无作用。

准确性、联结性和自我这三种动机的工作原理与此类似。就像电力系统中的电流一样,这些动机已经存在于人们体内,随时可以在适当的"开关"被触发时发挥作用。然而,与电力系统不同的是,这些人类动机无法被关闭。它们始终存在。成功的影响者深知这一点,并认识到它们在影响决策中的核心作用,以及如何触发它们。

准确性动机:人们希望做正确的事

在我们所处的这个复杂、信息过载且充满不确定性的世界中,人们倾向于让自己的感知、决策和行动尽可能准确。如果做不到这一点,他们可能会错失潜在的利益和回报,甚至可能面临严重的威胁、风险和损失。换句话说,人们希望做出那些看起来"正确"的选择。

然而,我们的决策并不总是基于对每个选项的成本和收益的深思熟虑。我们大多数人既没有时间也没有精力去这样做。而且,我们的决策也并非基于平衡的信息,主要是因为信息很少是平衡的。事实经常被操纵,有时甚至完全被捏造。数据和数字常常以某种方式呈现,以使其显得更有说服力。在描述数字如何增强一个原本薄弱的论点时,马克·吐温(Mark Twain)曾说过:"世界上有三种谎言:谎言、该死的谎言,还有统计数据。"

面对海量的信息,以及对其真实性的持续且合理的怀疑,做出准确的决策变得异常困难。因此,当人们试图做出正确决定时,他们往往会依赖一些经过验证且值得信赖的线索和提示来指导自己的行动。与其评估所有可用信息的可信度并以计算的方式权衡,人们更倾向于采取诺贝尔经济学奖得主赫伯特·西蒙(Herbert Simon)所说的"满意化"(satisfice)策略。[14]人们会寻找第一个可用的、令人满意且充分的解决方案。例如,餐厅里的食客可能会选择侍酒师的推荐,因为"葡萄酒专家懂行";财务经理在面对一个看起来好得不太真实的提案时,可能会认为它确实有问题并拒绝它;而退休人员可能会将储蓄留在一个长期持有但收益较低的账户中,而不是转向一个更高收益的投资计划,因为"熟悉的环境总比未知的风险更让人安心"。

有效的影响者会识别并在他们的提议、呼吁和沟通中加入能够触发准确性动机的线索和信号。这些线索和信号会因具体情境而有所不同。第二篇将详细描述其中许多线索,并给出如何有效且合乎道德地运用这些线索的建议。

联结性动机：人们希望为他人做正确的事情

联结性动机促使人们采取行动和做出决策，这并不一定基于对事实和财务状况的评估，而是基于他们所采取的行动和决策是否有助于建立或维持与他人的积极关系。理想情况下，还能获得他们的认可。联结是一种强大的激励力量，因为人类是最具社会性的生物，天生渴望与他人建立联系并保持积极的社会关系。

成功很少是孤立的结果，而更可能是社会关系质量和数量的产物。在决定做什么时，人们常常优先考虑与他人的关系。即使这个想法并不特别明智，他们也会这样做。

有一个故事，得克萨斯州的一家人在一个炎热的夏日午后坐在屋外的阴凉处。[15] 父亲来家里做客，建议他们开车去50英里⊖外的阿比林镇吃晚饭。"好主意，"母亲说。她的丈夫尽管对坐在拥挤的汽车里来回两小时的行程心存疑虑，但还是把想法藏在心里，选择了默许。"如果你妈妈想去，我很乐意去。"母亲回答："当然，听起来很有趣。我们走吧。"

到达阿比林后，这家人发现餐馆的服务和食物和他们的旅程一样糟糕。4小时后，他们疲惫不堪、心情烦躁地回到家。为了给这次糟糕的旅行注入一些积极的情绪，其中一位家庭成员表示他很享受这次旅行。母亲说，如果再来一次，

⊖ 1英里=1609.344米。

她会选择待在家里。其他人也纷纷表示赞同。

"那我们为什么要去呢?"

"我只是因为觉得你们可能会无聊才提议去的。"

"我只是因为你看起来很想去才去的。"

困惑之下,他们上床睡觉,心里想着为什么他们决定进行一次没人想去的旅行,而不是继续享受那个下午阳光下的惬意时光。

这种现象被称为"阿比林悖论"(Abilene paradox),它展示了人们渴望与他人建立联系并获得认可的愿望如何常常压倒更理性、更准确的思考。这种情况不仅限于家庭。为了避免与他人意见相左,许多人在工作中可能会优先考虑联结性而非准确性,这往往不利于项目的高效完成。

阿比林悖论与另一种现象——群体思维(groupthink)——有相似之处,但二者并不完全相同。阿比林悖论发生在一群人集体同意一项行动或追求时——而实际上没有一个人会单独选择这样做,因为他们错误地认为这是其他人想要的。群体思维发生在一群人追求共识时,在这一过程中,他们往往基于不完整的信息、有限的批判性思维或外部建议做出决策。[16]

当然,我并不是说受联结性动机影响的决策和行动都是次优的或不值得的。事实上,情况往往相反。人们对公司的信任通常基于他们与公司之间的联结感。许多从事医疗保健工作的人——这通常不是一个高薪职业——之所以选择这份工作，是因为它提供了情感上的联结。有些人甚至可能忽略自己的需求，以与更广泛的群体建立联系，而不仅仅是家人和朋友。在新冠疫情期间，许多疫苗接种宣传的重点不是接种疫苗的个人益处，而是保护他人的重要性。有证据表明，这些宣传在许多情况下是成功的，尽管许多人心存疑虑，但人们还是卷起袖子接种疫苗，因为这似乎是为了更广泛的利益而做的正确的事情。

有效的影响者认识到，通过联结性动机吸引他人需要在他们希望提出的观点与这些观点对相关个人或群体的影响之间架起一座桥梁。他们还敏锐地意识到，这些联结并非来自冷冰冰的数据和枯燥的统计，而是来自有意义的、充满情感的故事。

如果你还需要进一步相信有意义的故事在建立联结中的力量，或许可以回顾一下自己的经历。回想一下有多少次人们与你争论，甚至反驳你为支持某个观点提供的数据和统计信息。再想想，当你讲述自己的故事时，同样的人却会减少与你的争论。有效的影响者也是有效的联结者。他们描绘画面，呈现引人入胜的形象。他们讲述的并不是如何提高效率或如何改善资产负债表，而是生活如何被改变以及与他人建立了怎样重要的联结。

自我动机：人们希望为自己做正确的事情

除了被激励去做看似正确的事情（准确性）和为他人做正确的事情（联结性），人们还被激励以让自己感觉良好的方式行事。这就是自我动机。

大量证据表明，人们有一种强烈的动机，希望对自己持有积极的看法。当被问及是否认为自己比平均水平更好时，超过 3/4 的人声称自己的驾车水平高于平均水平。[17] 当然，这是不可能的。在这些人中，近一半人甚至声称自己的驾车水平位于前 20% 之列。这也是不可能的。这些发现在不同国家和文化中都成立，强调了人们渴望被正面看待的普遍性。

这并不是说所有人都自恋。有些人可能是，但大多数人并非通过关注外表、购买物品或驾驶技巧来满足对自己持有积极看法的需求，而是通过履行承诺和采取与自我认同的特质一致的行为来实现这一点。

理解这一点对任何有兴趣说服他人的人都有帮助。新冠疫情前的一项研究发现，如果提醒医生他们曾宣誓过希波克拉底誓言，他们在为不同患者检查时会更愿意进行手部消毒，这种方式的效果比单纯强调减少感染风险更好。[18] 医生们并非因被告知信息而遵守规定，而是通过将期望的行为（如洗手）与已有的承诺（如宣誓不伤害他人）相契合而受到推动。让自己的行动与之前的承诺保持一致，不仅能让他们收获内心的满足和成就感，也使他们以更积极的眼光看待自己。

任何成功影响他人的尝试的核心都是这三种基本动机中的一个或多个。成功的说服者深谙此理，在设计影响策略时，他们会仔细问自己几个问题：我的提议在我的受众眼里是否是正确的事情？我的提议对我的受众来说是否具有联结性？我的提议是否能让被说服的人获得自我提升，并让他们自我感觉更好？

可以说，最有效的诉求会同时触发这三种基本动机。像优步（Uber）这样的拼车应用正是这样做的。与人们站在雨中挥手寻找他们预订的出租车不同，应用程序通过地图上的小车图标和车牌号提供了"准确性"的提示。乘客在行程开始前即可获知预计费用，这一举措有效消除了传统计价出租车中常见的不确定性，进一步提升了服务的准确性。司机的姓名和照片，以及其他用户对其的评价信息，提供了有用的"联结性"。应用程序还通过显示司机之前安全完成的行程数量来提供保证。甚至"自我"动机也得到了适当的满足。当出租车准时抵达时，人们只需从容走出酒吧，便能瞬间感受到一种名人的风采，哪怕只是短暂的片刻。

对于任何有志于影响他人的人——这其实涵盖了所有人——其中的含义应当不言而喻。尽管事实和经济学原理仍然是任何影响策略中的关键要素，但它们能否成功地说服和打动他人,关键在于沟通者能否建立情感上的联系。准确性动机、联结性动机和自我动机,正是实现这一目标的核心所在。

影响力公式

传统观点认为,影响他人最有效的方法是提出一个包含最佳事实和最具吸引力的经济激励的提议或建议。然而,现实证明这并不总是奏效。事实和信息虽然至关重要,但往往不足以说服他人。经济因素,如财务激励,同样重要,但和信息一样,通常只是其中一部分。人类的情感也至关重要。当人们感受到对准确性、联结性和自我的需求被激发时,他们的情感会极大地影响他们的选择——无论是接受还是拒绝。无论是试图说服一个人、一个群体,还是一个组织甚至整个国家,这一原则都同样适用。

因此,成功的影响和说服方法需要综合考虑这三个重要因素。本书以"影响力公式"的形式提供了这一框架。

在17世纪和18世纪,先驱者艾萨克·牛顿(Isaac Newton)爵士和约翰·沃尔夫冈·冯·歌德(Johann Wolfgang von Goethe)提出,任何颜色都可以通过混合不同比例的三原色(红、黄、蓝)来创造。影响力公式也以类似的方式运作。正如通过混合三原色的不同比例可以创造出各种不同的颜色一样，你也可以通过结合适合你所处情境的最佳比例的"事实、利益、情感"来制定成功的影响力策略，即：

$$影响力 = \frac{事实 + 利益 + 情感}{情境}$$

最佳的组合方式将取决于你所处的具体情境。本书第二篇将分别介绍如何以事实取信（第四章）、以利益说服（第五章）以及以情感打动（第六章）。通过这种方式，你将能够针对工作和生活中遇到的任何影响力挑战，制定出有效的策略。

第二篇
影响力公式

概述

想象一下,有一天,你接到一个朋友的电话,她兴奋地跟你分享刚刚收到的好消息。几周前,她给一家知名机构投递了简历,该机构名下有多个著名品牌,且那个岗位也是她梦寐以求的。她刚刚收到招聘人员的邮件,得知有4个人进入终面,她就是其中之一。

但你还没来得及祝贺,电话那头的语气突然变得严肃——她有些紧张地解释道,她迫切需要你的建议。

"所有候选人的面试都安排在下周同一天,但我可以选择面试的次序。我不知道该怎么选。第一印象很重要,所以我该第一个面试吗?还是该选第二个面试,以避免紧张?选择第三个面试或许更稳妥?或者选最后一个面试,让他们对我的印象最深刻?我得尽快答复招聘人员,但真的拿不定主意。帮帮我吧。"

你会给出怎样的建议呢?

求职面试就是影响力发挥作用的一个典型例子。在面试中,无论是招聘者还是求职者,都希望能够说服对方。因此，影响力公式中的各个因素（事实、利益、情感）都会发挥作用。

首先是事实。招聘者需要判断候选人是否具备胜任这份工作所需的能力，他们会要求候选人展示个人履历，说明自己具有哪些对这份工作至关重要的技能，并举例论证；而求职者则希望在沟通中确认这份工作是否符合他们的职业生涯规划，是否有价值，能否给他们提供个人和职业发展的机会。

利益也很重要。招聘者希望用最低的代价招聘到最优秀的候选人；而求职者会努力争取最高的薪资，此外，同样重要且可能会影响他们综合考量的还有——工作与生活的平衡、个人的发展机会以及工作的价值感。

同样重要的还有情感。有时，招聘者和求职者之间会产生一种良好的"第六感"。往往在面试初期，彼此的相似性、积极的第一印象以及"志趣相投"的感觉就会显现出来，并对决策产生很大的影响。在这种情况下，双方都很难抗拒那种一拍即合的情感冲动。

对于想要施加影响力的人来说，除了方程的分子——事实、利益和情感，还必须考虑一个关键因素，即其分母——情境。同样以求职面试举例，在求职者和招聘者的交锋中，一个显而易见的情境就是起伏变化的就业市场。如果人才储备不足，招聘者就需要相应地进行调整。在确认候选人能力时，他们可能不得不降低对事实的要求，也可能需要支付更高的薪酬。此外，面对一众候选人，比起那些"高配高能"的稀缺人才，他们可能不得不选择那些"低配低能"的下位替代。

但当人才储备充裕时，情境就会发生变化。此时，优势转向了招聘者，他们掌握了主动权——大量技能匹配的候选人争着应聘一个岗位。影响力的天平向招聘者倾斜，压力更多地落在了求职者肩上：必须说服招聘者，在众多选择之中，自己才是最合适的那个。

当然，我们在工作和个人生活中可能面临着无数影响力挑战，而求职面试只是其中之一。虽然挑战可能有所不同，且取决于具体情境，但它们也有一些共通之处。前文提到的招聘者在吸引求职者时面临的许多挑战，在其他情境中也同样存在——比如业务经理发展新客户，医生劝患者按时服药，或者老师让学生按时交作业等。这意味着，尽管每个影响力挑战看上去都是独特的，但我们可以使用同样的理论框架来应对它们。

影响力公式就是这样一个理论框架。它指出，影响力施加的成功与否，取决于你能否在正确的情境下，结合事实、利益和情感，全面地呈现你的主张。本篇将详细描述如何有效运用这三大因素，每个因素用一章来讨论。此外，还记得开头那位向你请教求职问题的朋友吗？这部分内容还能为你们提供一个全新的视角。

第四章
以事实取信

20世纪中期,随着消费者需求的增加,美国汽车行业巨头福特为了增强生产力,与日本的同行马自达签订了合作协议。不久,新生产的汽车就从底特律的生产线源源不断地涌入各地的展厅。但随之发生了一件奇怪的事情。相比美国本土生产的变速器,顾客们开始青睐那些搭载日产变速器的汽车。尽管所有零件的规格完全相同,但美国消费者似乎深信不疑地认为日产零部件更为优越,甚至愿意多等上几个月,来订购那些装配日产零部件的汽车。

这一现象的原因可以追溯到第二次世界大战结束时,一场在东京悄然兴起的改革。主导人是一位当时鲜为人知的纽约统计学教授——威廉·爱德华兹·戴明(William Edwards Deming)。

戴明开创了一种被称为统计过程控制(Statistical Process Control, SPC)的制造方法,利用实时数据来监测并控制生产质量[1],并将其引入日本工业。一些人认为,统计过程控制是如今许多人所谓的"循证管理"的先驱。看起来,美国消费者偏爱搭载日本零部件的美国品牌汽车,部分原因是他们认为基于事实制造出来的产品更具价值。² 正如戴明本人在获得总统罗纳德·里根（Ronald Reagan）颁发的国家技术与创新奖章时所说的一样："任何人都必须用数据（即事实）说话。"

这种理念在职场得到了广泛认可。我们身处一个强调循证决策的时代。如今，无论规模大小，几乎所有组织都有一个共同的说法："要想让人同意你的想法，接受你的提案，就得拿出事实来。"

因此，顺理成章地，事实对影响力至关重要，它决定着论点的构建、决策的达成，帮助决策者评估论点是否有力、可信，使听众能够区分真实和虚假。

然而，我们都经历过这样的时刻：尽管我们提出了基于事实的有力论据，但听众仍然无动于衷，或转而支持其他提案。

在本章中，为提升你的职场影响力，我将展示一种打动人心、令人信服的方式来呈现关于那些支持你想法和诉求的事实。假设你已经有了一个基于事实的案例（如果没有，那就先去找到这个案例），接下来，我将向你展示三种增加其吸引力的方法。重要的是，你并不需要改变事实本身，而是要改变呈现它们的方法。

但在探讨这三种方法之前，让我们给"事实"下个定义。

什么是事实？

事实指的是支持或反驳某一主张、理论或观点的信息、数据或来源[3]。尽管可能存在争议，但我仍将那些无法验证或并非完全真实的信息一并纳入考量。这不是提倡用虚假信息来说服他人，而是因为在这个信息过载的社会，我们很难判断哪些信息应该听取、哪些信息可以忽视。

其大致可以分为三类[4]：

- 客观经验
- 专家意见
- 逸事材料

客观经验应为最可靠的一种事实，因为它基于对第一手资料（即测试、实验、观察、统计和调查）的收集和分析，其作为影响力手段的优势在于它的客观性和具体性。尽管如此，听众可能仍会对其可信度有所疑虑，质疑实验方法的合理性、研究对象的代表性或调查结果的有效性，甚至研究者本身的立场等。

专家意见是指那些在特定领域具备深厚学识、专业素养和丰富经验的人士所提出的证词与观点。这类意见通常被应用于法律诉讼和公共机构的审查过程中，其之所以具有显著的影响力，源于公众对专家权威性的普遍信任。但也有例外，有些听众可能会对某些专家持怀疑态度，尤其是当他们认为其存在个人偏见或利益关系时。与日俱增的一种负面现象是，听众在面对专家意见时，往往受到其个人立场的干扰，而非理性地考虑讨论的内容。

逸事材料也可看作一种事实[5]，它基于叙事，通常源于令人难忘的经历或代代传承的故事。逸事材料有时依赖于特定情境，因此可能不具有广泛的适用性。随着时间的推移，人们对其加以发挥和修饰，在口口相传中产生出许多版本和解读，与原本的内容大相径庭。美国政治学家雷蒙德·沃尔芬格（Raymond Wolfinger）曾指出，再完备的逸事材料，也无法等效于数据。但这并不意味着它不具有说服力，实际上，正如我们在第六章中将要探讨的，正是这一点使得其说服力更强。

记住，就算拥有可靠的事实，你也未必能把它有效地呈现出来。这引发了一个重要问题：对于那些希望提升自身影响力的人而言，如何以最有效的方式呈现事实来支持自己的观点？

研究表明，有三个关键因素至关重要：

1. 呈现方式，即框架效应；
2. 呈现主体，即信息传达者；
3. 呈现数量，即"三点法则"。

接下来，我们逐一探讨这三点。

框架效应

如果你想显得更加高大,不妨多结交一些身材较为矮小的朋友。作为一名行为学家,我最为人知的研究领域当属影响与说服心理学。我十分有幸能够与来自各行各业的人士广泛接触,无论是政界官员、商界高层还是公共部门的工作者,似乎每个人都热衷于学习如何影响和改变他人的行为,甚至还有职业运动员。

我本人是一名足球迷,也有幸能偶尔与一些体育界知名的教练和球员合作。每次合作都令人难忘,但有一次特别的经历让我至今记忆犹新。几年前,一些管理人员和退役球员参加了一场由大型足球协会组织的培训活动。我受邀主持一场讨论,主题是影响力和说服力在球员和教练团队管理中的作用。令我感到惊讶又印象深刻的是,那场讨论热烈非凡、质量很高,而且听众对该主题也很感兴趣。在午休期间,一位曾效力于英格兰足球超级联赛(Premier League,简称"英超")的知名退役球员主动找到我,分享了一个故事。

有一天清晨,他提前到达球队训练的体育场,发现球员更衣室外的走廊里有 4 名工人正在干活。有一名工人正在铺设防潮布以保护地面,他身后还有两位——一位手持撬棍和锯子,另一位则在努力搬运一块木质装饰板。最后面还有一名工人，手里拿着一罐白色油漆和一把刷子。寒暄过后，工人们要了他的签名并与他合了影，他随口问了一下他们在做什么。

"我们在翻新更衣室的门和门框。"其中一位工人回答。

"看起来没问题啊，"这位球员说道，"为什么要翻新？"

"不，不是换门，"另一个工人解释道，"只是调整。"

工人们接着解释说，上司让他们把主队更衣室的门框降低几英寸^㊀，同时将客队更衣室的门框提高几英寸。

我听到这个故事时，为这一巧妙而大胆的策略忍俊不禁。试想一下，当客队球员进入客队更衣室时，瞥见主队球员在进入主队更衣室时为了不撞到门框而纷纷低头，心里会怎么想。再想象一下，当他们意识到自己不低头也根本碰不到门框时，会有什么想法。

"天哪，"即使只是一闪而逝的念头，他们也可能会想，"这些家伙一定是巨人！"

撇开道德规范和公平竞争不谈，这个故事是我最喜欢的影响力事例之一。它展示了一种现象，我称之为"框架效应"，但我这位球员朋友也许会更形象地称之为"门框效应"。

㊀ 1 英寸 =0.0254 米。

先行优势

我们在试图说服他人时，常常陷入一个误区，认为只要有可靠的事实、合适的理由，我们就能说服他人。然而，这种观点没有考虑到一个显而易见却常被忽视的问题：在缺乏对比的情况下，要做出决定十分困难。

我们所有人都通过对比来确定事物的相对价值。如果邻居家破败不堪，一栋普通的房子在其衬托之下也会看起来相当不错。然而，如果邻居家装修华丽，那它就会显得比较寒酸。这栋房子本身并没有改变，改变的是与之对比的事物。与之类似，一些精明的房地产中介带客户去看房时，会故意经过贫民区，这样在到达目的地时，客户会不自觉地拿眼前的街区与刚刚经过的贫民区对比，这种情况下，本身普普通通的地段就显得风景如画了。

比较无处不在。请看图 4-1 中的两份酒水清单。每份清单上的信息（即事实）都相同，价格（利益）也一样。唯一的不同在于清单的呈现方式：左边的清单将最便宜的酒放在最上面，后续价格逐个增加；右边的清单则将最贵的酒放在最上面，后续价格逐个下降。鉴于酒水信息和对应价格是相同的，按逻辑来说，阅读不同清单的人应该会做出相同的决策。但事实并非如此，人们通常是从上到下阅读清单，阅读右边清单的人通常会选择更贵的酒，而阅读左边清单的人则往往选择更便宜的酒。[6]

虽然整体信息相同，但通过引导人们首先注意到某一特定选项，使得后续选项看起来有所不同，进而影响到人们的决策，这就运用到了框架效应的原理。[7]

酒水清单	
招牌酒	£ 7.50
酒A	**£ 8.00**
酒B	**£ 8.50**
酒C	£ 9.00
酒D	£ 9.50
酒E	£ 10.00
酒F	£ 10.50
酒G	£ 11.00
酒H	£ 11.50

酒水清单	
酒H	£ 11.50
酒G	£ 11.00
酒F	£ 10.50
酒E	**£ 10.00**
酒D	**£ 9.50**
酒C	**£ 9.00**
酒B	£ 8.50
酒A	£ 8.00
招牌酒	£ 7.50

图 4-1 比较两份酒水清单

我的同事奥德·内策尔（Oded Netzer），哥伦比亚商学院的商学教授兼《跨越小数点的决策》（*Decisions Over Decimals*）一书的作者，向他的MBA（工商管理硕士）学员们举了一个关于框架效应的例子。有个工会，代表办公室清洁工要求涨薪，因为他们的薪资水平远低于管理层。这主张听上去十分合理，且有数据支撑（见图4-2）。

接着，内策尔换了一种方式，用对数尺度来展示薪资对比。尽管数据本身没有变化，但这样呈现让人觉得工会所强调的薪资差距已在逐步缩小（见图4-3）。

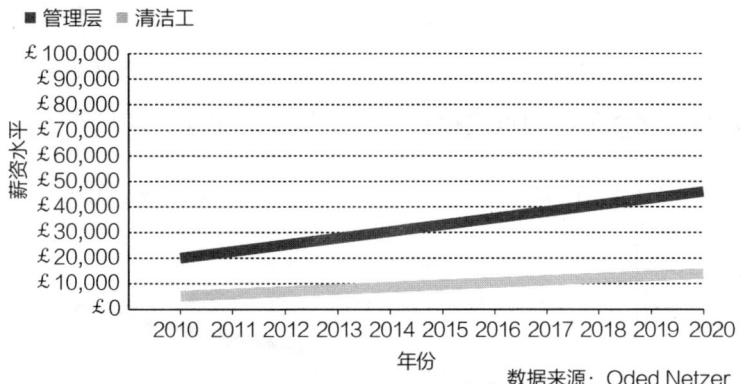

图 4-2　办公室清洁工的薪资水平远低于管理层

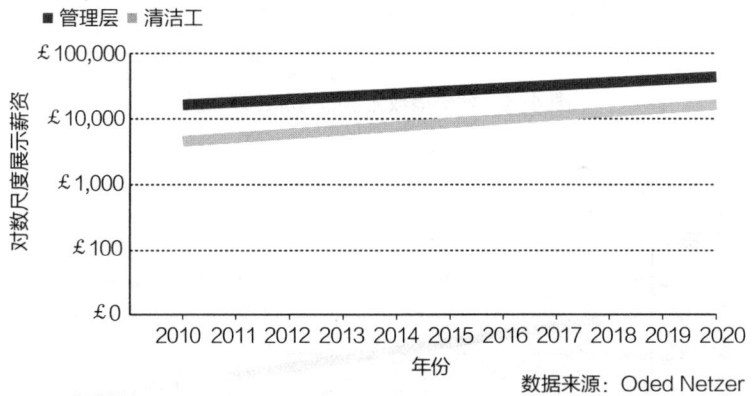

图 4-3　薪资差距已逐步缩小

当他将数据呈现换为薪资指数图（见图 4-4），然后再换为年度对比图（见图 4-5）时，看起来似乎需要加薪的是管理层而非清洁工。

这个例子通常能得到高管们的认可，也许他们会反思自己是否曾受过这类影响。内策尔的论点至关重要。你拿什么和事实进行对比？这个选择决定了叙事走向，而非改变事实本身。在你展示观点或提案时，尤其要记住这一点。

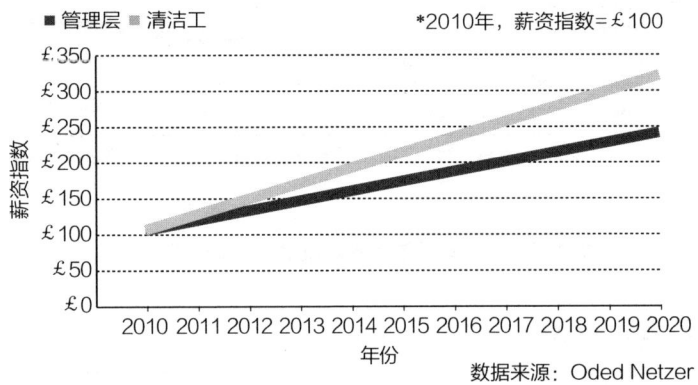

图4-4 薪资指数显示的情况正好相反

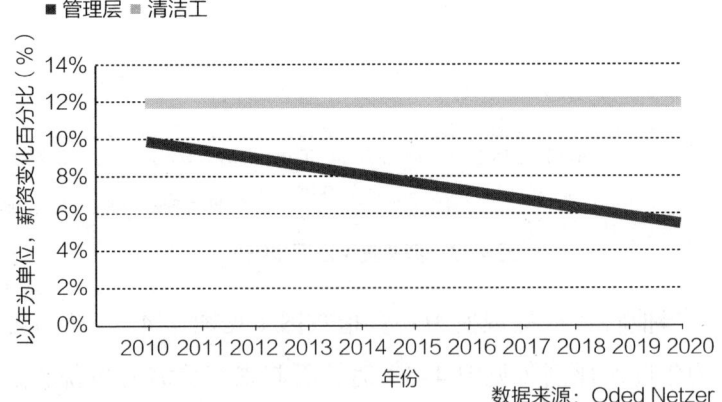

图4-5 随时间推移，管理层的"薪资"在下降

构思提案的过程通常包括以下步骤。首先，你和你的团队可能会进行一些背景调研，深入了解你想解决的问题。之后，你们开始思考解决方案。或许你会开展一次线上会议，征求团队其他人的意见。甚至，你们可能会回归最老派的方法——围在图板旁边进行一场头脑风暴。接下来，你们会对各种创意进行优先度排序，选出最符合需求的那个方案。最后整理出一个PPT，并附上相关依据，准备进行展示。

你们会怎么处理那些未能成为最终提案的创意？也许会把它们丢进垃圾桶？这无可厚非，许多人都会这么做，但这并不意味着这么做是正确的。虽然这些创意不是最合适的，但也并非毫无价值，这些被弃用的提案可以为你最终选定的提案提供对比，以突出其优势。接下来是具体做法。

假设现在是预算审批时期，你正在向目标客户或财务总监展示你的提案，你可能会这样说：

"正如你所料，在为今天的会议做准备时，我们进行了深入研究，期间提出了三个想法。我们对每一个想法都进行了详细分析。最终，我们得出结论：其中第一个想法可能会带来一些意想不到的后果，使其风险过高。此外，通过数据测算，我们发现第二个想法可能会超出预算。基于这些原因，我们强烈建议将重点放在第三个想法上。"

请注意，那些你之前可能已经摒弃的想法，现在却为你所选的提案提供了一个合理的框架。这对于任何希望在职场中发挥影响力的人来说，其意义应当显而易见。在你展示你的想法或提案之前，你所选择与之对比的内容至关重要，因为人们首先接触到的信息，将对他们接下来评估的内容产生极大的影响。

让我们回顾本篇开头提出的问题：你给那个正在求职的朋友提供了什么建议？她应该选择第几个面试？

在给出答案之前，先来听听这个例子——我在哥伦比亚商学院的一位同事，亚当·加林斯基（Adam Galinsky）曾面临困境。拿到博士学位后，他为申请芝加哥大学的一个职位投递了简历。由于当时他住在纽约，招聘人员就为他提供了便利，让他自己选择面试时间——他可以提前一晚飞到芝加哥，第二天第一个进行面试；或者，他可以选择在那天下午面试，这样他就能一天之内完成整个行程。为了把握好这次机会，他向普林斯顿的同事们请教。大家一致建议："选择第一个进行面试！"

这个建议很合理。20世纪60—70年代的研究表明，在尝试记忆一系列词语后，人们往往只能记住开头或末尾的词语。有趣的是，过了一段时间后，人们还能记住开头的词语，末尾的则被遗忘了。[8] 也许这就是加林斯基的同事们建议他选择第一个面试的理由。他照做了，面试进行得很顺利。几天后，他收到了招聘方的消息——他落选了。

将他的落选归咎于面试次序显然很荒谬。更有可能的是，其他面试者表现更出色。但这次经历却让他颇为困扰，促使他深入研究了一个问题——面试次序对招聘结果的影响。他从普林斯顿大学的招聘记录入手，发现了一件值得注意的事：大多数情况下，最后一个面试的候选人更有可能应聘成功。随着进一步的调查，他发现这种现象不仅存在于学术职位的招聘中。在分析了欧洲歌唱大赛（Eurovision Song Contest）50年以来的比赛结果后，他发现，次序靠后的演唱者通常会获得更高的分数。其他选秀节目如《美国偶像》（*American Idol*）、《X因素》（*The X-Factor*）也是如此。

也许在经过一系列面试后，招聘人员容易忘记开头几个面试者的表现，从而让次序靠后的面试者占了便宜。但研究表明，即使在每个面试者退场后立即做出评估，这种"后出场优势"也依然存在。

或许通过"框架效应"的视角来审视这些结果，能提供一个更好的解释。人们通常觉得，第一个面试者有优势，因为评委倾向于根据第一个人的表现设定评判基准。但这忽略了一个重要的事实。招聘者从一开始就有着一个参考框架——岗位描述，这份文件描绘了他们心目中理想面试者的形象。仅这一点就足以让任何第一个面试者处于不利地位，毕竟很少有面试者能够完全匹配招聘者的理想标准。然而，另一个框架效应进一步削弱了他们的优势：在评估多个表现时，评委在早期阶段往往更为苛刻。他们可能会担心，如果给次序靠前的面试者过高的评分，就无法为后续表现更好的面试者保留奖励空间。例如，在基于能力的面试中，如果给第一个面试者打了满分，那么当后续面试者表现更好时，就无法再给予更高的分数。因此，次序靠前的面试者可能处于劣势，因为评委的给分并不完全以他们的表现为依据，还受到框架效应的影响。

因此，如果你建议你正在找工作的朋友争取在面试流程中靠后的时间段而非靠前的时间段接受面试，他们应该感到幸运。这不仅意味着他们身边有一个愿意无偿提供建议的人，更意味着他们身边有一个能够给出明智建议的人。

想想更为广泛的影响。比如说，你处于激烈的竞争下，如争取晋升机会、赢得新客户，或抢占来年的预算份额。你准备在什么时机、如何运用框架效应来达到你预期的结果？在其他条件相同的情况下，将你的提案安排在最后阶段，可能会让你占据优势。但最后出场的并不是总能胜出。事实上，有证据表明，在只有两个提案或候选人的情况下，先出场的更有可能获胜。因此，你的首要任务是了解你的竞争对手有多少个，这将决定你理想的出场次序。

总的来说，一个明智的说服者会确保在呈现事实时，首先给出一个恰当且真实的例子作为对比框架。这样做能让他们掌控情境,从而让听众更能接受他们的信息、演讲或提案。

不过,要确保你的提案更具说服力,运用框架效应并不是唯一的方法。你还应仔细考虑第二个因素:传达事实的人或主体。

信息传达者即信息本身

当加州医疗保健机构(Sutter Health)的医生们开始在健康检查前例行向患者介绍糖尿病护士的专业背景时,有趣的事情发生了[9]。患者更愿意参加后续预约,大大减少了医疗资源的浪费。这无疑是一个令人欣喜的变化。不仅如此,这些患者还更有可能表现出更高的信心和满意度,不仅是对治疗他们的医护人员,更是对整个医疗机构本身。

积极的影响还不止于此。被介绍为"受过高级培训和拥有超过 10 年经验的专业人士"似乎对护士们也产生了影响。管理人员称,他们的工作表现有所提升,而缺勤率则有所下降。通过赋予人们能够提升自豪感的、代表能力的标签,似乎引发了一些重要的变化——人们会努力去达到这些标签所代表的水平。

虽然很难确切证明仅仅是这些介绍说服了患者和医护人员改变了他们的行为,但这些变化不太可能是偶然发生的。这是因为护士向患者提供的信息和建议从未改变。真正改变的是在提供任何信息或建议之前,关于护士的介绍。事实本身没有变化,变化的是人们对传递这些信息的传达者的认知。

提出想法建议,但根本没人听——我们大多数人都曾感受过这种挫败感。但当某个人——可能是来自其他部门的同事,或者外部顾问,甚至我们的竞争对手——重复了一遍我们一直在说的话,突然间每个人都认为:"天哪!这真是从电灯泡发明以来最棒的点子。"这个时候,我们就很容易从挫败变得恼怒。事实上,想法本身并没有改变。根本没人在意,这个现在得到认可的想法,之前曾被彻底否决。

这个常见的场景揭示了在影响力实践中使用事实的一个关键点。在施加影响力时,关键之处在于,左右听众观点的往往并不是事实本身,也不是呈现方式,而是传达的主体。任何信息都会退居二线,占据主导的是传达者的某种特质或特点。最终,信息的传达者成为了信息本身。

当某人传达一些旨在影响他人的信息时,会发生一个有趣的现象:在受众的心目中,说服者会与这些证据和信息的内容紧密联系在一起。这会对他们随后在受众眼中的形象产生巨大影响。

这一概念在某种程度上解释了"射杀信使"这一古老说法的起源。在战争中,将军们常常会惩罚那些从战场上带来坏消息的使者。传说中，当一位使者前来告知亚美尼亚国王提格兰，罗马军队即将进攻时，提格兰立刻砍下了使者的脑袋。[10] 可以想象，此后传到提格兰耳中的消息可能全都是正面的（虽然也可能是假消息）。

然而，不仅仅是几个世纪前的王朝统治者无法将传递的信息与传递信息的人区分开来。我们所有人都是如此。在职场中，我们可能都经历过这样的时刻：一个更具魅力的同事被选中，而不是一个思考更有深度的同事；一个外表出众的沟通者胜过一个更准确的沟通者；或者房间里最强势的声音压倒了更谨慎可靠的声音。

几年前，我和我的同事约瑟夫·马克斯开启了一项研究计划，旨在了解在当今社会中，哪些人的意见人们更愿意接受，而哪些人的意见常常被人忽视。我们的研究揭示了八个让人成功的特质，并将其整理在《影响力法则》(*Messengers*) 一书中。[11] 关于职场影响力，有三个关键特质非常重要：能力、相似性和可信度。

能力

人们更容易听取有能力的人的想法，因为他们认为这些人拥有能够帮助他们实现目标的经验、技能和知识。但对于想要影响他人的人来说，问题就来了：怎么向你的听众证明你有能力，值得他们关注呢？一种方法是，在正式提出想法或提案前，列出一大堆自己的资历和成就，但这么做可能会适得其反，在你和听众之间制造隔阂，而不是打破隔阂。不过，这种做法也并非完全没有道理。关键在于，你的专长和才学最好由别人来介绍。值得注意的是，即使观众知道介绍者是利益相关方，这样的介绍能使其从后续过程中获益，这种方法依然有效。

几年前，我和一些同事在一家位于伦敦的独立房地产经纪公司进行了一项小规模的研究。[12]和许多公司一样，这家公司正努力与收费相当的竞争对手拉开差距。公司的前台接待负责接听来电和回复网站咨询，目标客户通常会先联系他们。接待并了解咨询内容后，会迅速将客户引导到最符合需求的同事那里。这个流程非常高效，令人印象深刻。但有一点让我们感到奇怪：他们从不提及同事的能力、专长或经验。

我们提议对这个流程进行微调，结果立刻提升了20%的预约转化率和15%的合同签署率。接待员在转接目标客户之前，只需要根据事实强调同事的能力和经验。"要卖房子吗？把你转接给彼得如何？他是我们销售部的负责人，在这个地区有20年的房地产销售经验。"

不仅仅是糖尿病诊所的护士和房产经纪人可以从精心设计的介绍中受益。我们所有人都可以。仅凭这一策略的无成本性质，就足以证明其广泛应用的合理性。但在职场的某些情境中，这一策略尤其值得推荐。

一种是职场新人，另一种是跳槽后希望在公司内部建立影响力的人。随着我的职业生涯进入后期，我越来越意识到，那些传统上看起来最博学、最专业的人，往往名不副实。我自己的咨询公司就是个很好的例子。我拥有一个满分团队——成员们不仅友善、体贴，还极其聪明，他们常常是会议室里最聪明的人之一，有时甚至无人能及。然而，人们是否在乎他们的发言，往往取决于他们是如何被介绍的。当有人介绍他们的资历后，一群原本可能难以取悦的人，却会认真聆听他们的每一句话。而如果没有介绍，情况通常会截然相反。

要想提升影响力，这里有个建议。领导者和管理人员应当时刻留意机会，介绍同事们的专业知识、技能和潜力。还记得吗？在医院介绍医护人员的专业能力后，不仅病人更听话，医护人员的表现也得到了显著提升。

工作会议就是一个显而易见的机会。开场，通常会有人提议大家依次进行自我介绍——但这对会议帮助并不大。原因有很多，其中之一是，对于与会者（至少对于一些与会者）来说，他们会因为不得不在一群陌生人面前介绍自己而感到焦虑。虽然总会有那么几个自信的人，愿意大谈特谈他们在什么"辉煌项目"中做了哪些重要贡献，自己又如何力挽狂澜。但大多数人并不擅长自我吹嘘，因此，他们通常只是简单地介绍个人姓名、所属部门。

"你好，我是来自 IT 部门的史蒂夫。"

同样值得指出的是，自我介绍说什么通常根本无关紧要，因为几乎没人认真听。大家在没轮到自己时，都在心里排练自己要说的话。而轮到自己发言时，别人也因为同样的原因心不在焉。

有一个简单的解决方案。主持会议的人，或者是会议中资历较高的人员，应该负责介绍每位与会者。这样既避免了问题，也提高了效率。会议的组织者应该能够说出与会者的相关信息，如果说不出某个人的信息，那么这个人就不该出现在会议室。

在需要展示你的专业资历，但又没有人代为介绍的情况下（例如一对一的会面），有一个同样简单的解决办法。建议你提前发送邮件，其中除了问候语和议程，还可以附上一段个人简介，概述你的专业背景和经验。如果会议是通过在线会议软件进行的，你可以在名字旁边加上你的职称或资格证书。例如，在疫情封控期间，有些金融从业人员在网上答询时，将自己的资格认证——如注册理财规划师（CFP）、金融服务专业认证（APFS）等与名字并列。他们反映，这种做法带来了更多的后续预约和客户转介。

对于那些处于职业生涯初期且渴望建立影响力的人来说：如果你的经理在你进行汇报展示前没有介绍你的专业技

能和知识，你得要求他们这么做。或者，也许可以找一位愿意这么做的经理。

相似性

我们都熟悉"异性相吸"这一说法。你可能会联想到一对特别显眼的情侣：双方身高相差特别大；又或许一方沉默寡言、深思熟虑，而另一方则性格张扬、活力四射。

"物以类聚，人以群分"也是一句耳熟能详的格言，而且比"异性相吸"更为普遍。因为确实，比起差别大的，彼此相似的人更容易聚在一起。这对于影响力至关重要。通常情况下，人们更倾向于倾听并接受那些他们认为与自己有相似之处的人所提出的建议，而非与自己不同的人。除了自问所听到的事实是否来自一位有能力的传达者之外，他们可能还会问："这些事实是否来自与我相似的人呢？"

假设你刚继承了一笔遗产，并安排与两位财务顾问见面。其中一位——简·布朗（Jane Brown），很有才能，且业绩令人惊艳。然而，在与她见面之后，你总觉得在个人层面上没能与她产生共鸣。紧接着，你见了另一位，约翰·史密斯（John Smith）。你们俩就像是同一个模子里刻出来的。他的投资记录还过得去，但平均收益比简逊色一些。你会选择把莉莲（Lillian）阿姨留给你的那笔钱交给谁来管理？

客观来说，正确的答案是根据业绩，选择简。但许多人会选择那个与他们更为相似的约翰，即使他的经验或专业才能远不及简。

这个例子提供了一个重要的启示，要想施加影响力，一定要牢记这个启示。即使我们拥有良好的凭据和能力，但有时仍不足以打动所有人。因此，在试图影响他人之前，重要的是，不仅要突出自己的能力，还要凸显你与听众之间真正的相似之处。这需要你做一些事前准备。领英就是一个很好的工具。花些时间寻找你与大多数人都拥有的共同点，能为你铺平道路。比如，共同的经历、相似的职业轨迹、相同的母校，等等。而且在可能的情况下，找出那些"不寻常的共性"（即大多数其他人没有而你们共有的东西），这些能迅速拉近彼此的关系。比如，对缅因猫的共同喜爱。

除了能力和相似性之外，有说服力的传达者还具有第三个特质，而这一特质很可能会影响受众对其建议和事实的接受程度。

可信度

信任是所有人际关系的基石。缺乏信任，就难以建立高效的职场合作和繁荣的经济交流。安娜·科茨瓦拉（Anna Koczwara）博士是一位行为科学家，也是在商业和职场环

境中建立信任方面的权威。科茨瓦拉博士指出,信任有两种类型:

- 基于能力的信任
- 基于诚信的信任

后者在提升职场影响力方面尤为重要,因为它表明即便有机会通过不当手段来获利,你仍会坚守道德标准。这一点在用事实说服他人时尤为关键,因为在此情境下,选择性地呈现数据以支持自己的立场虽然诱人且容易实现,但会在长期产生不利影响。

科茨瓦拉将诚信定义为"通过长时间的反复接触,坚守被广泛认可的道德准则的能力"。这一观点看上去就很有道理,由此可以得出两条建议。首先,采用影响力研究者所谓的"双向论证法"。其核心是在你的提案和演示中,早早承认,除了你的方案,其他方案也有优点。有趣的是,研究表明,如果你觉得你的受众可能对你的提议持抵触甚至敌对态度,这种方法尤其有效。

另一条建议是与他人保持定期联系,尤其是在你不需要说服他们接受任何事情的时候。研究表明,主动发起、维持并鼓励频繁社交互动的管理者,不仅会被认为更招人喜欢、工作效率更高,还会被视为更值得信赖,从定义上来说,也就是更有影响力。[13] 但是,这里有一个重要的启示。装模作样、敷衍了事的交流不足以建立真实且持久的信任和影响力，因为真正持久的影响力来自反复且有意义的互动。这样看起来，建立影响力就像一项需要近身接触的运动，得靠实实在在的交往。

三点法则

三个足够，四个过头

1863 年 11 月 19 日下午，哈佛大学前校长、美国前国务卿爱德华·埃弗雷特（Edward Everett）登上了在宾夕法尼亚州葛底斯堡临时搭建的讲台，面向等候的人群发表演讲。他那篇长达 13607 个单词的演讲在当日的活动安排中被列为"葛底斯堡演说"。[14] 他滔滔不绝、条理清晰地讲了两个多小时。

不久之后，亚伯拉罕·林肯（Abraham Lincoln，第十六任美国总统）也发表了他的演讲——仅有 272 个单词，只持续了两分钟。他预言道："这个世界不会太在意，也不会长久记得我们在这里说的话。"他错了，他那简洁却深刻且振奋人心的演讲将永载史册。

那埃弗雷特的演讲呢？倒是没什么人记得。

林肯的演讲之所以成为最令人铭记和最具影响力的演讲之一，背后有许多原因。[15] 其中，美国内战的时代背景显然为这场演讲赋予了特殊的意义。此外,还有两个与本章主题密切相关的影响因素:框架效应和传达者。

林肯是在一场冗长演讲之后发表的讲话,而且他的演讲原本都没被安排为当天的核心环节。有没有可能正是前面那场长篇大论凸显了林肯简短演讲的价值呢?也许吧。演讲者也很重要。虽说一位哈佛大学前校长兼前国务卿通常会是任何演讲阵容中的亮点,但要是同台的还有美国总统,那情况就不一样了,不是吗?

但还有第三个因素值得关注,而且几乎可以肯定它产生了影响。这涉及任何想要培养有说服力的信息传达者都会面临的一个问题。这个问题不是"应该说什么",而是"说多少"。

读者们可能已经注意到这本书的结构和编排方式。我尽力按照"三点法则"来构建本书:三个部分、三种动机,还有一个由三个要素组成的影响力公式。并且在每个要素中,又嵌套了三个子要素。这并不是什么新观点。有句拉丁语叫"Omne trium perfectum"(一切成三即为完美)。想想这些有名的表达:地段,地段,还是地段;停下来,看一看,听一听;心灵,身体,精神;狮子,老虎,狗熊;我来,我看见,我征服。

人类天生容易接受成"三"的结构,这种倾向在婴儿与养育者的最初互动中便开始显现。摇篮曲和童谣往往采用

"三"的数字模式，例如《睡吧宝贝》(Hush Little Baby)通过许诺给孩子一只知更鸟、一个钻石戒指和一面镜子作为安抚；代代咏唱的童谣在孩子们的脑海中留下深深的印记，从《三只小猪》(The Three Little Pigs)、《金发姑娘与三只小熊》(Goldilocks and the Three Bears)到《三只山羊嘎啦嘎啦》(The Three Billy Goats Gruff)，这些故事都传授着生活的智慧。

从心理学角度看，"三"是识别模式的关键数字，因为大脑能够高效处理包含开始、过程和结尾的结构，而"三"是构建这种结构所需的最小数字。通过模式，我们得出意义、洞察真相，并在混乱中找到秩序。从新模式到新事物，是人类认知的基本技能，而这一切都始于"三"。

在职场沟通和影响力方面，"三点法则"同样适用。博客写作是所有优秀品牌的内容策略的重要组成部分，而"清单式文章"(listicle)可能是现在采用最广泛的写作形式，其中，"三"是最常用的数字。与其他奇数一样，基于三个要点的文章在社交媒体上往往能获得更多的点击和互动。咨询和服务行业的专业人士也是如此。麦肯锡咨询公司(McKinsey)倡导采用"三点法则"，许多顾问在向忙碌的企业高管客户提出建议时都采用了这一法则。"我有三个理由建议你这么做"，这是麦肯锡员工的"金科玉律"。在呈现实例时，这一表达具有一种"黄金分割"般的特质：既不多也不少，恰到好处。

在展示事实时，无论你展示的是客观经验、专家意见还是逸事材料，都要记住：少即是多，过犹不及。当"许愿基金会"（Make-A-Wish，英国慈善机构）邀请人们捐款时，他们在一部分邀请函上列出了两个利己的理由，一部分列出了两个利他的理由，两者结果差不多。但当邀请函上列出了四个理由时，人们的捐款反而大大减少。后续调查揭示了原因：人们把带有四个理由的呼吁看作一种明显且拙劣的说服手段，看起来太刻意。[16]

苏珊·舒（Suzanne Shu）是一位美国的市场营销教授，通过调查证明了能够有效说服他人的实例的适当数量。[17] 她向被试者展示了一系列产品、场所和人物信息，包括早餐麦片、洗发水、餐厅、冰激凌店和政治人物。她向被试者推荐展示中的内容，不同的案例中附有 1~6 个支持性凭据。然后，评估了不同案例下人们的态度，包括对这些主张的怀疑和反感程度。无论是关于早餐麦片、洗发水、餐厅，还是政治人物，有一种方式明显优于其他方式。接触到 2~3 条凭据或信息的人，对宣传内容的评价明显比接触到 1 条、4 条、5 条或 6 条凭据的人更积极。在凭据总数不大于 3 个时，增加额外凭据才能增强说服力。一旦大于这个数字，人们的怀疑态度就会增加，进而对所呈现的主张或凭据产生抵触情绪。

毫无疑问，事实是能否成功产生影响力的关键因素，这也是它被纳入"影响力公式"的原因。然而，往往影响结果的并非事实本身，而是呈现事实的方式。通过对比来巧妙地呈现事实至关重要。同样重要的是，你不仅要关注信息内容，还要仔细考虑由谁来传递信息最为合适。最后，要留意你所展示的事实的数量。影响力达人会确保信息适量以吸引听众，而不是让听众感到信息超载，不堪重负。

　　牢记：三个足够，四个过头。

第五章
以利益说服

我们在哥伦比亚商学院教授高级管理人员教育课程的第二天,我的同事斯特凡·迈耶(Stephan Meier)——一位经济学教授,也是研究职业发展趋势的专家——主持了一场关于激励机制及其对行为影响的作用的讨论。大家(包括我)都很喜欢他。他机智过人、风趣幽默,偶尔还会带点俏皮。

他经常以挑战学生思考的方式开始授课,比如让他们在不依靠金钱激励的情况下,解决一个常见问题。有一次小测验是关于超市购物车的。有些顾客在用完购物车后,不归还到指定区域,而是将其弃置在停车场内。这些随意停放的购物车,会让停车场秩序混乱、给行人造成安全隐患,甚至刮花汽车昂贵的外漆。有时候,人们把购物车随意停放在马路和人行道上,甚至丢弃到河流或垃圾堆里——这给社会和环境带来了负面影响。

为了给教授留下好印象,学生们开始提出一系列创意十足的解决方案——增设监控摄像头;在店内屏幕和公告板上发布经常乱放购物车的顾客的照片作为惩戒;设立购物车热线，鼓励热心顾客报告遗弃购物车的情况，方便清理小组回收；安装位置监控，当购物车离开超市停车场后，轮子自动上锁；还有人建议给购物车起些名字，或许顾客知道购物车叫汤米或蒂娜后，就不那么容易把它丢下。

在耐心听完这些回应后，迈耶赞扬了小组的创意，然后带着会心的微笑温和地否定了这些方案。他说，在他看来，要求在没有金钱激励的情况下解决这个问题，实在是愚蠢，明明用基础的经济学常识就能轻松解决——只需在购物车上安装一个押金装置，顾客投入一枚硬币才能取出购物车，只有在将购物车归还到指定区域后才能取回硬币。

这是一个极好的解决方案，也是典型的经济学思维的核心。如果你想说服某人做某事，就给他一个经济激励；如果你想说服某人不做某事，就给他引入成本或罚金。[1]

经济激励是非常有效的，也是任何想要影响人们决策和行为的人的必备工具，它具有普遍吸引力，人人都能理解，大多数易于实施，且适用于各种情境——不仅仅可以用来解决购物车丢失的问题。

以选举投票为例。在美国和英国，普选投票率通常为40%~60%，而地方选举和州选举的投票率则低很多。怎样才能说服更多的公民参与这一有益于社会的行动，使他们愿意去投票呢？为什么不直接给他们发钱呢？这想法乍一看有些荒谬，但其实是有一定道理的。根据澳大利亚选举委员会的数据，澳大利亚联邦选举的投票率从未低于 90%，这是世界上最高的投票率之一。其背后有一个简单的原因。从 1924 年起，澳大利亚就规定了投票的强制性——如果你在选举日没有投票，就会被罚款。²

从迈耶教授的讲座中，我们可以得出一个明确的结论。如果你想要影响人们的行为，一个解决方案是：使用经济激励。

当然，即便是最激进的经济学家也会承认，实际问题并没那么简单。是的，人们确实会对激励做出反应，这一点毫无疑问，但人们对激励的反应受到情境和心理机制的影响。例如，假设有人问你是选择今天拿到 20 英镑，还是等到明天，拿到 21 英镑。大多数人会选择今天就拿。现在换个问题：你更愿意等七天，拿到 20 英镑，还是等八天，拿到 21 英镑？面对这个选择，大多数人会选择多等一天，尽管在这两个问题中，要求你额外等待的时间都是一天。³

经济学，特别是作为激励形式的经济学，是所有影响力策略的重要组成部分。同样重要的是，人们面对激励的反应方式在很大程度上是可以预测的。因此，经济激励为想要施加影响力的人提供了许多方法，可以以更吸引人的方式或框架来呈现提案，无论是通过价格、奖励还是奖金。激励的金额也很重要。如果你推销的产品、想法或提议与竞争对手的相似，但你的价格更高，你可能很难说服你的客户、顾客或同事选择你。退一步讲，即使你和别人的报价和想法都相似，那么人们就会看其他因素，如可用性、易用性和内容的吸引力等。假设你的提案已有强有力的经济支持（如果情况并非如此，则应首先解决这一问题）。本章将探讨如何有效地呈现和构建经济激励，才能在很大程度上影响受众对你的想法或提议的接受度。

具体来说，本书将重点介绍在不改变金额的情况下，三种呈现经济激励的有效方式。但在深入探讨之前，我们简要回顾一下经济激励的定义，并讲解一些常用的激励类型。

什么是激励？

简而言之，激励是为了影响个人或群体做出的决策、采取的行动或两者兼而有之而提供的奖励。激励是经济学的基础，也是说服他人的重要手段，尤其是在商业和职场环境中——与家庭和私人环境不同，在这些场合，人们采取的行动不太可能由家庭义务和社会联系驱动。经济激励建立在一个简单的前提之上：在可以获得收益时，人们倾向于做出反应并采取行动；而在面临风险或损失时，他们则倾向于避免采取某种行动或触发某种情境。

广义上讲，经济激励可以分为两类。[4]

货币激励，包括薪酬、奖金、股票期权和佣金等货币奖励。

非货币激励，包括那些虽然不属于即时的货币奖励，但依然具有价值的奖励。在职场中，非货币激励包括对出色的工作的认可、在职培训、升职机会或福利计划。

类似于运用事实，使用经济激励时，影响决策的往往不是激励本身，而是呈现或框定激励的方式。在制定提案时，应重点关注以下三个方面：

1. 提供激励的频率与时机；
2. 激励的框架设定，即如何描述收益与损失；
3. 确保目标受众对激励措施的参与感，强调其所有权的重要性。

提供激励的频率与时机

眼前的小利与遥远的大奖

来自俄克拉何马州的瑞芭·麦肯泰尔（Reba McEntire）是一位专辑销售量超过7500万张的美国乡村歌手。她深受乡村音乐爱好者的喜爱，也同样受到公交车司机们的青睐。在她的演唱会结束时，这位被歌迷亲切称为"瑞芭"的俄克拉何马州歌手首先会赞扬与她同台演出的音乐家们的才华，然后感谢那些载着她和乐队往返于各个场馆的司机们。"找到一位好司机和找一位好音乐人一样重要。"瑞芭宣称。

亚历克斯·瓜里恩托（Alex Guariento）在公共交通行业工作了30年，他无疑会同意这一点。几十年来，他的工作目标一直是确保他负责的公交车、大巴和货车准时、安全到达目的地。但这说起来容易，做起来难。

在乘客们看来，这应该是一项简单的任务，接送人们上下班、往返机场或进行旅行的司机们只需要掌握有限的技能：掌握车辆的驾驶操作以及安全驾驶的能力。诸如友好的态度和偶尔的微笑这样的品质，虽然受欢迎，但通常被视为锦上添花。

然而，从司机自身的角度看，这项工作远非那么简单。职业司机在路上花费的时间远超普通司机，这就意味着他们发生事故的风险也更高。根据事故原因研究，每十起非致命性交通事故中，就有一起事故方是驾驶大型车辆或公交车的职业司机（公交车在此定义为搭载至少9个座位的车辆）。如果统计数据包括致命性事故，这一比例会上升到1/8。[5]

此外，长时间驾驶既枯燥又复杂。像保持车辆在正确的车道行驶，或沿着熟悉的路线前进这样看似简单的任务，会逐渐变得机械化，不再需要司机进行有意识的思考；来自噪声和烦躁的乘客的干扰，使得工作更具挑战性；还有突发事件，比如前方车辆突然刹车、自行车四处穿梭、行人不看路走进公交车道等,都加剧了驾驶难度。业内有人声称,开公交车比开飞机更费脑。考虑到现代飞机能自动驾驶,以及通常有两名飞行员待命,这么说或许是对的。

在鼓励安全驾驶的做法上,业内有一个普遍认可的经验法则。这个法则被称为"两秒法则",即提倡司机在驾驶时与前车保持理想的两秒间隔。[6]这个法则基于反应时间,而非车距,已被证明能够减少碰撞或急刹——这些事件通常会导致高昂的诉讼费用损失。然而,亚历克斯·瓜里恩托和其他交通管理者深知,司机实际上并不一定会遵循建议,而他面临的挑战就是要说服他们。

经济激励可以发挥作用。有趣的是,瓜里恩托发现,改善结果的并不是激励金额,而是激励的频率和时机。对于遵循两秒法则的司机,公司会发放100美元的奖金。他注意到,比起那些每周获得25美元的司机,那些每月获得100美元的司机遵守这一法则的可能性要低得多。[7]这个变化给了我们一个重要的启示,要想用激励来影响他人,提供小额且即时(即更频繁)的激励,往往比提供大额但长期的激励更有效。

为什么呢?因为即使总金额不变,更高的激励频率仍然提供了一个更加直接和显著的反馈机制。激励通过在行为和奖励之间建立联系来强化期望行为。如果在一段时间里反复出现,可能会更有效地促成积极习惯。[8]

精明的管理者意识到了这一点。这就是为什么比起提供额度大但周期长的奖励（比如年终奖金），更有效的做法是，每当销售人员和客服人员完成一笔订单或赢得新客户时，就向他们提供额度较小的佣金。那些渴望吸引和留住客户的组织也深知这一点。银行、信贷机构和金融产品供应商通常会提供额度较小、更为频繁的奖励，如积分和返现。这种策略在账户开设的初期尤其有效，因为此时建立客户忠诚度尤为重要。一旦期望行为与奖励之间的联系建立起来，我们的大脑就会自发地促使人们持续这种行为。

研究表明，在试图影响短期目标的实现时，更小、更频繁的激励通常更有效，比如寻找新客户或鼓励餐厅老板提供优质服务。[9] 又或者，正如瓜里恩托和他所在的交通公司所面临的情况，试图说服司机在当班时随时保持警觉。

这种小额但频繁的激励还可以在更大的范围内发挥作用。21世纪初，全球金融危机的爆发使得世界经济陷入困境。当时，美国财政部高层为了刺激消费，实施了一项与众不同的退税计划——他们没有把退税一次性付清，而是以较小的金额分批发放，且接受分批退税的公民，能每月通过工资支票收到一笔额外的现金。这一策略奏效了。与一次性将较大金额存入储蓄账户或养老金账户相比，那些更频繁地收到较小金额的人，更倾向于将这笔增加的可支配收入用于消费。

这对任何想要施加影响力的人来说都颇有启示。个人和社会似乎越来越关注当下，而不愿等待遥远的回报。因此，与其提供大额但延迟的经济激励，将其分割成唾手可得的小额激励会更有效。即使总金额相同，甚至更少——如同开头提到的情况，比起等待一天后拿到 21 英镑，大多数人会选择马上拿到 20 英镑。

单位询价法

将一个大额激励分割成小额，往往是一种有效的说服手段。同样的思路也适用于说服人们接受有代价的提议或方案。例如，研究表明，当受众首先考虑提案中的某一部分代价时，通常他们后续就更愿意接受整体提案。这种方法被称为"单位询价法"（unit asking）。[10]

举个例子，假设你经营着一家资助困难人群的慈善机构。你注意到，定期捐赠者通常有一个"默认"的捐赠金额，一旦设定就很难改变。你如何说服这些捐赠者增加他们通常的捐赠金额呢？芝加哥大学的行为经济学家奚恺元（Christopher Hsee）开展的研究表明，"单位询价法"可以有效提升捐款金额。具体的做法是，与其直接请求人们捐款以帮助一群弱势群体，不如先询问潜在捐赠者他们认为该群体中的一个人可能需要多少钱。奚恺元的研究发现，如果让捐赠者先想想贫困学生的需求，他们捐的钱差不多是那些只被简单要求支持活动的人的两倍。

  除了募捐和慈善活动外,"单位询价法"在其他领域也能带来积极的效果。举个例子,许多人在工作中都会遇到一项令人头疼但又必不可少的任务:争取预算和资源。在申请增加年度差旅预算时,如果经理们在提出具体金额之前,先要求财务总监估算单次差旅的费用,可能更容易获得批准。为购买教科书和体育器材,学校高层和教师们在争取家长捐款时,可以先让家长估算满足一个孩子需求的费用,然后再请家长为整个班级捐款。在网上拍卖平台,收藏爱好者如果想将珍藏品拍出更高的价格,可以先问竞拍者愿意为某件收藏品出价多少,而不是直接为整套拍品设定底价。财务顾问说服客户增加储蓄时,如果先引导客户,让他们自己发现一些经常购买的物品的成本(比如每周的食品开销、每月的水电费账单或每年的度假费用)在增加,那么就更有可能增加定期存入养老金和储蓄账户的金额。

  同样的逻辑对精明的拍卖师来说也是一个有效的策略。在拍卖一系列物品时,拍卖师也可以采用单位询价法。比如拍卖一批陈年葡萄酒时,先让竞标者估算一下其中一瓶酒的价值,然后再让他们竞标整批葡萄酒。一旦竞标者为某瓶酒设下一个价格基准,他们很可能会在心里把单瓶的价格乘上整批酒的数量,从而,对整批拍卖品的价格感知就会提高。那么最终结果将会如何?结果是,整体竞标价格会上涨。

"单位询价法"之所以有效，原因之一是它符合人们考虑成本和价格时的自然反应——人们天生倾向于将大的金额拆分成更小的单位。古典经济学家认为，无关种类，任何相同单位的货币，在购买力上是相等的，因此可以互相替代，而行为经济学家和心理学家则不同意这一观点。诺贝尔奖得主理查德·塞勒（Richard Thaler）提出过一个术语——"心理账户"，用来描述人们在消费时，会将钱分配到不同的"账户"中，如食物账户、娱乐账户、存储账户等，从而影响他们的消费决策。以这个概念为例，这种"心理账户"的存在会使说服变得更加困难，因为人们通常不愿意在各个账户之间转移资金。如果你想说服朋友去看电影，但他们得从自己购置服装的账户中转移资金来买电影票，这样他们就更难被说服。同样，在工作场所，如果要说服经理资助你参加一项培训课程，但他们得动用另一个预算账户中的资金，那么说服的难度也会加大。那些资金完全可用，但他们不愿意，因为它们被放在了不同的心理账户中，你的要求和他们的分配产生了冲突。[11]

另一个影响因素是，这些心理账户会随着时间的推移逐渐被消耗。当某一项提案对人们的账户余额造成压力或可能将其耗尽时，他们往往会对这项提案产生更负面的想法或态度。但是，比起余额不足，人们在心理账户余额充足时购买某些产品所产生的心理痛苦感会更低。这就是所谓的"底线效应"（bottom-dollar effect），其关键在于：无论你的提案或计划成本如何，人们对它的看法都会受到他们预算的影响。对于支出同样的资金的提案，预算周期刚开始（即心理账户余额充足）时，"花钱"所带来的心理痛苦感会远低于预算接近用尽时。例如，耗资 50 万元的培训项目，如果从 1000 万元的预算里支出，其占比仅为 5%。但如果到了年底，预算只剩下 100 万元时，该项目预算就占据了一半。虽然金额没有变化，但参考系发生了变化，人们看待它的角度也会发生变化。[12]

这也解释了为什么精明的超市老板会在每个月中下旬推出"买一送一"的促销活动。大多数人是在月底领工资，那这时候顾客的心理预算即将告急，超市就抓住了这个时机，通过帮助顾客减少消费产生的负面情绪，使他们更愿意掏钱。

精明的商家深知这一点，并认识到其说服力往往不在于提供合适的价格或激励措施，而在于把握恰当的时机——即使对于无需花费金钱的活动也是如此。银行通过提醒消费者"季节变换应促使储蓄策略调整"，常常会迎来新存款账户数量的增长。约会应用程序在提醒用户"新的月份可能带来新的爱情"时，其用户参与度也会显著提升。甚至医疗保健机构也加入了这一行列，向即将步入新十年龄段的人群发送短信："如今你已 40 岁……建议进行一次体检。"

眼前的一斗米，还是远处的一块田？

现代生活的快节奏和注重即时满足，可能会使我们倾向于认为将经济激励拆分为更小、更及时的奖励总是最优选择。然而，这种想法存在误区，因为人类的行为是复杂的，且这种做法高度依赖情境。在许多情况下，特别是在鼓励别人参与复杂多面的项目时，或者需要防止那些虽然能快速见效但可能带来不良后果的冒险行为时，较大的、长期的激励措施，如年度奖金和股票期权，同样至关重要。例如，销售人员每谈成一名新客户，你就提供小额且频繁的奖励作为激励，是可行的；但如果建筑工人每砌好一块砖，你就支付一点报酬来激励他们，显然是行不通的。

激励的频率和时机是决定其是否有效的重要因素。通常，频繁且即时的奖励更适合用来影响短期行为，实现近期目标；而大额、延迟的经济激励则有助于保持干劲，实现长期目标。[13] 需要注意的是，这些只是一般性指导原则，而非绝对守则。

除了频率和时机外，在使用经济激励时，还需要牢记一些其他因素。其中一个重要的因素与人们对激励的反应相关——当人们面对有条件的激励时，并非只看他们能够获得什么，而更看他们可能会失去什么。

得与失

捡了芝麻，丢了西瓜

假设某天早晨你在去办公室的路上捡到一张 20 英镑的钞票，在对他人不幸稍作感慨之后，你可能会为自己的好运感到窃喜。现在想象一下，如果你不是在上班路上捡到钱，而是打开钱包时发现你以为有的 20 英镑不见了。你现在感觉如何？相当不开心，对吧？

大多数人对于失去某样东西的不快感，远大于得到同样东西的快乐感。[14] 这引发了一个很有意思且颇具哲学性的问题：如果你某天早晨捡到了 20 英镑，后来又把它弄丢了，你会不高兴吗？理论上，你应该觉得无所谓，毕竟那 20 英镑本来就不是你的。然而，你可能会在心理上感觉更糟，因为一个公认的事实是，损失在我们心中的影响远大于获得。换句话说，损失往往会占据我们的注意力。结果呢？损失成为一种潜在的强大影响力工具。

一项澳大利亚的研究提供了有力的论证。[15] 研究人员向家庭提供了一份报告，列出了几项简单的改变，帮助他们减少家庭能源消耗，从而降低花费。这些措施包括：给屋顶做隔热、安装能源计量表、更换节能灯泡、将恒温器调低一两度，等等。

研究人员还发现，在调查中，人们表示希望获取有关如何省钱和提高效率的信息。因此,每份报告中都包括了一个估算,告诉被试家庭如果实施这些改变,大致可以节省多少费用。为了举例说明,我们假设这个数字是每月50英镑(65美元),那么一年下来就是600英镑(750美元),这算是一个相当可观的经济激励。研究结果显示,有一种特定家庭尤其容易被说服做出改变。是那些经济拮据的家庭?还是那些具有强烈环保意识、致力于减少能源消耗的家庭?

都不是!

最有可能改变的是那些收到信件、被告知如果不采取行动可能会每年损失600英镑的家庭。相比之下,那些被告知可以每年节省600英镑的家庭则不太可能改变。事实上,被告知可能损失的家庭采取行动的数量是被告知可能节省的家庭的两倍多。这一事实凸显了一个对任何想要施加影响力的人来说都至关重要的见解:强调损失的表达方式更具说服力,且更能激发行动。

距心理学家丹尼尔·卡尼曼(Daniel Kahneman)和阿莫斯·特沃斯基(Amos Tversky)发表他们的"前景理论"已有50多年,其还为卡尼曼赢得了诺贝尔经济学奖。[16] 两位学者观察到,人们避免损失的迫切程度通常是追求相等收益的两倍。这在一定程度上解释了为什么在之前提到的研究中,比起凸显节省的信息,被试家庭更容易被凸显损失的信息影响。这种对损失的规避倾向,不仅被广泛验证,而且有一套非常成熟的理论。在学术研究中，引用次数（即其他研究者对某一学术作品的引用数量）常被用作衡量研究价值的标准。一篇拥有几百次引用的出版物通常能跻身该学科最有影响力作品的 10% 之列，而卡尼曼和特沃斯基的论文已经被引用了近 8 万次。这种"损失规避"成为社会科学文献中最常被引用，也是最为可靠的理论之一。因此，顺理成章地，一种强大的影响力策略是——诚实地向同事、客户、顾客或消费者指出，如果他们不遵循你的建议，可能会产生损失。然而，尽管这种方法非常有效，但它并非没有弱点，原因至少有两个。

原因之一，大多数人似乎能够直观地意识到，受众通常更倾向于接受正面信息而非负面信息，尽管后者更有可能影响他们的决策和行动。他们喜欢听的是，采纳某个想法、建议或意见将如何获益；而不喜欢听我们说，如果不采纳这些，他们将会损失什么。[17]

还有一个原因是，信息往往会与信息传达者产生紧密联系。因此，比起展示悲观情形的人，受众可能更喜欢展示美好前景的人。这给说服者带来了一个两难困境——强调损失的发言的确有利于施加影响力，但不利于社交。

幸运的是，有一些方法有助于缓解负面影响。其中一种是给听众铺设台阶，让其准备好接受强调损失的信息。具体来说，在传达信息之前，先承认接下来的信息可能会引发负面反应。这种事前警告通常能使受众为即将听到的内容做好心理准备。虽然不能保证这对所有受众都有效，但在传递负面色彩强烈的信息之前，富有同理心地事先提醒目标对象，可能会减轻他们对信息传达者的反感。

还有一个重要的中和手段——确保强调损失的信息附上具体的行动步骤，让听众能够迅速采取行动以避免损失。例如，倡导保健的人士在呼吁人们接种破伤风（由产生毒素的细菌引起，可能危及生命的一种神经系统疾病）疫苗时，会通过宣传单和广告牌展示破伤风的患病图像，试图提高公众的警觉性，提升接种率。然而，这样的宣传似乎只引起了民众的焦虑。但当该宣传活动提供具体信息，比如接种指导和可接种地点时，接种率显著提高。[18] 这很好地展示了，当强调损失的信息附带具体可行的行动步骤时，人们更容易将这些信息和自己联系起来，也不容易迁怒于信息传达者。

最后，在使用强调损失的信息来说服他人时，重要的是保证信息中"可能损失的东西"，是受众已经拥有的。我并不建议去引导人们想象自己会失去一些目前还未拥有的东西，或是远在未来的、和现在没什么联系的东西，通常只有理财顾问和抗议气候变化的人士才会这么做。有时，这种方法可能奏效，但这种想象损失的影响力不太可能像实际损失那样强烈——想象自己在上班路上丢了20英镑的感觉，和真的在路上丢了20英镑的感觉是截然不同的，后者的说服力强得多。

让损失变得触目惊心，可能是英国"脱欧"运动成功动员支持者的一个重要原因。不论政治立场如何，这些政客在突出损失方面确实做得非常出色，他们不断强调：英国每周向欧盟"输送"（即损失）3.5亿英镑（虽然后来被证伪）。信息很明确：这是大家的钱，是国民医疗服务体系（NHS）损失的钱。我们要停止损失，投票脱欧。

2016年6月，英国52%的选民选择了脱欧。

人们更倾向于避免当前的、具体的损失并为此采取行动，而不是遥远的、抽象的损失，这引发了一个有趣的问题，关于在职场中如何运用经济激励和奖金。如果人们更倾向于避免损失而非追求收益，那么为什么不提前发放奖金呢？当奖金不再是遥远的数字，而是已经到手的一把把钞票时，人们是否会更加努力地工作以留住奖金呢？

美国经济学家约翰·利斯特（John List）提供了实验结果，支持这一想法。[19] 他与一家中国的高科技零部件制造商合作，发现通过货币奖金的形式向生产线工人提供经济激励相当有效。比起那些最后才拿到奖金的工人，那些提前获得奖金的工人的生产力高出近2%。更重要的是，这种效果似乎没有随着时间推移而减弱。这一现象引起了交通主管亚历克斯·瓜里恩托的关注。

在前文中，我提到了我们对纽约公交车司机的研究，证明了：当司机们每周获得 25 美元的奖励时，他们更有可能遵守"两秒法则"，保持安全车距；而当奖励是每月发放 100 美元时，效果则没那么明显。但随着时间的推移，这一效果逐渐减弱。在实验进行了四个月之后，被试司机群体之间的差异已经不再明显。[20] 虽然我们感到失望，但我们从利斯特的实验结果中获得了灵感，另外安排了一组司机，在每周或每月开始时提前发放奖励，而不是等到周末或月末。重要的是，奖励不是以现金形式发放的。很少有人愿意当恶人，去要求纽约公交车司机因为没达到条件而退还他们获得的奖金。奖励是以未来汇票的形式发放的，既是可触及的，又是他们实实在在拥有的——而且是有可能失去的。其最终结果在所有方面都是最好的。司机们遵守两秒法则的频率更高，安全驾驶行为得以持续，急刹车事件、交通事故得以减少，乘客更加安全，运输经理更满意，司机的收入也得以提高。

瑞芭肯定会为她支持的司机们感到骄傲。

变化即损失

损失在人们心中的分量大约是收益的两倍。这就像我们的脑海中有一个汇率机制，就像机场的外币兑换柜台。唯一的区别是，我们的思维不是兑换英镑和美元，而是兑换损失和收益——以 2:1 的汇率。任何试图影响他人的人都应该记住这一点，因为要想说服他人，不仅需要让受众采纳我们的提案或建议，往往还要让他们放弃当前正在做的事情。这两件事的价值不一定相等。

2013 年，英国政府实行持续紧缩改革，取消了高收入纳税人的儿童税收抵免。为了减轻这一举措的冲击，财政部每年为某些家庭提供了价值约 1200 英镑的儿童保育代金券——这几乎与他们的税收损失相等。财务政策制定者的电子表格中无疑显示了这一对等：损失 1200 英镑，补偿等额代金券，补偿和损失相抵的结果为零。但财政部冷冰冰的算术并没有考虑到人类在损失和收益之间的汇率。如果人们感受到的损失是收益的两倍，那么 1200 英镑的损失可能感觉更像是 2400 英镑。对许多人来说，1200 英镑的代金券只满足了这种心理损失的一半。政府后来因此面临的公关危机就证实了这一点。

这个案例提醒了所有希望改变他人行为的人。当我们试图说服个人或群体放弃某些东西并接受其他东西时——例如，让一家公司把原来的 IT 服务供应商换成另外一个；让一个家庭把燃气锅炉换成热泵；或者让一位医生把经常开的老药换成新药——我们需要意识到现状与未来可能会呈现出不同的价值。当我们促使人们做出改变时，必须记住，如果接受我们的建议需要放弃某些东西，就会被听众视为损失。

这意味着，小幅收益或轻微改善可能不足以打动受众。在某些情况下，我们可能需要成倍地提高提案的吸引力，才能有机会被考虑。

参与感的重要性

付出越多，价值越大

当经济激励被设计为"避免损失"而非"获得奖励"的方式时，其效果通常更显著，能产生更大的影响力。其中一个重要原因就是，人们很难抗拒"参与感"。行为经济学家们早就明白，人们给那些自己拥有或参与创造的事物所赋予的价值，远高于那些既不为他们所有，他们也没有参与创造的事物。[21]

这个现象被称为"禀赋效应"（endowment）。我接下来要举的这个例子，喜欢恶作剧的读者可能会想尝试一下。去当地的报摊或小店，观察一下正在买彩票的人。看完他们买彩票的过程后，走过去问问他们是否愿意把彩票卖给你。很多人会拒绝，而同意的那些人，出价会比他们刚刚支付的金额多得多。

当然，彩票的价值并没有发生任何变化。但是，要说服他们接受这个逻辑，几乎不可能。从他们的角度来看，这张彩票的价值不再基于任何客观的市场价格。它也不再仅仅是一张普通的彩票。在他们看来，这张彩票变成了一张全新的"门票"，能带着他们走向全新的生活方式：乡间别墅、国外度假、跑车，或是面朝大海的养老豪宅。

当人们投入大量精力追求目标时，往往会产生类似的过高估值。哈佛大学教授迈克·诺顿（Mike Norton）称这种现象为"宜家效应"。[22] 他的研究表明，比起由别人（甚至家具店的专业人员）组装的家具，人们对于自己动手组装的家具，估值会高六成。对自己选购或投入过精力的事物估值过高，似乎是我们人类的普遍倾向。而且这种现象不仅仅发生在个人生活中，也同样出现在工作中。原因是什么呢？

当涉及彩票和家具时，原因似乎很明显。我们能够从中获得快乐——无论是难以想象的巨额财富，还是舒适精致的家居生活，都是让人心驰神往的理想。一想到会失去它们就令人痛苦，因此我们会尽力避免那么想。但当涉及工作时，情况就不同了，即使再讨厌工作，我们也不得不为五斗米折腰。伦敦经济学院的行为科学教授保罗·多兰（Paul Dolan）发现，许多人把工作列为自己最不愉快的活动之一。但他也指出，"不愉快"并不等于"没有回报"。尽管工作艰难，充满挑战，但它也会给人带来满足感或成就感。[23] 人们愿意在工作中投入的努力，似乎与"参与感"成正比——人们对某个项目的参与感越强，就越愿意付出努力。而付出的努力一增加，在他们眼中，项目的价值就会上升。

这为管理者和监督者提供了一个思路，尤其在激励员工方面。我们许多人有这么一些同事，当别人简单介绍某个新点子、项目或计划时，他们往往会抱有一种消极心态，认为"又不是我想出来的"。为了应对这种情况，建议不要在项目开始时直接下达命令，而是寻求合作。征求所有相关人员的意见和建议，特别是那些"反对派"。除了提升工作的自主性和能动性外，这种合作方式还带来了另一个好处：参与感。有了它，人们往往会把项目的价值看得更高，因为他们为项目出了一份力。尽管我不敢说这种方法万无一失，或者能够彻底改变那些顽固、心存抗拒且"事不关己，高高挂起"的团队成员，但它在一些项目和计划中还是很有用的，尤其是在需要不同部门，甚至不同供应商和合作方合作才能完成的项目中。[24]

协调激励的重要性

傅以斌（Bent Flyvbjerg），牛津大学的经济地理学家兼《怎样做成大事》（*How Big Things Get Done*）一书的作者，[25] 一直致力于对大型基础设施项目进行分类，分析哪些项目能够按时完成，且不超预算。[26] 研究结果令人沮丧。他发现，绝大多数的大型项目——尤其是那些价值至少 10 亿美元的项目——都无法按预算或按计划完成。

举例来说，英吉利海峡隧道（The Channel Tunnel，连接英国和法国的海底铁路隧道）超支80%。苏格兰议会大厦延迟多年完工，并且超支足足9倍。柏林的勃兰登堡机场（Brandenburg Airport）直到2020年10月才开通，延期了九年，错过了至少6个截止期限。其超支过于庞大，以至于一家游戏制造商以此创造出了一款广受欢迎的桌游，玩家胜出的条件是：成功"浪费"最多公共资金。

根据傅以斌的说法，只有不到1/10的大型项目能按时完成且不超预算。那么，成功的项目都有哪些突出的特点呢？除了一些老生常谈的，诸如明确的目标、各方的理解、强有力的领导和世界级的项目管理外，另一个重要的因素是：一个涵盖所有相关方的激励机制，促使大家追求收益，避免损失。

这种方法确实有效。2008年3月27日，伦敦希思罗机场（Heathrow Airport）的第五航站楼（T5）如期启用，按时完成并在计划的43亿英镑预算内交付。该项目按时交付的一个重要原因是，它采用了一个激励机制，承包商和供应商从项目开工那天起就加入其中，并在按时按预算交付后立即平等分享奖励。

如何说服不同群体合作，即使在最小的项目中也是一个挑战。在当时欧洲最大的建筑工地中，能够做到这一点，让人尤为印象深刻。这对于在职场中需要施加影响力的人来说，也提供了有价值的启发。无论项目大小，动员团队朝着共同的目标努力，并提供一种能够协调利益并统一目标的经济激励，似乎比个人激励驱动更为理想，而且还能避免项目拖延，从而节省高昂的成本。

意外后果

为了应对血源短缺，恩厄尔霍尔姆（Angelholm，瑞典东海岸城市）的政府高层提出了一个新颖的措施来鼓励市民献血——为献血者提供免费酒水。这一举措确实起到了一定的作用，但效果远未达到预期。在该措施之下，最愿意撸起袖子献血的人往往是酗酒者，而他们更关心的是为自己谋取利益，而非帮助他人。该计划很快被撤销。

为了解决德里（Delhi，印度城市）城中有毒眼镜蛇频繁出没的问题，政府发布悬赏，每捉到并杀死一条毒蛇就可领取赏金。一些市民嗅到商机，开始人工饲养毒蛇，再将其杀害以领取赏金。然而，当悬赏终止后，他们将剩下的蛇放归野外，结果问题反而变得更加严重，城中致命爬行动物的数量甚至比之前还要多。

美国的一家汽车保险公司开发出了一款智能手机应用程序，旨在奖励安全驾驶。然而，该应用程序推出后，记录显示用户的驾驶行为变得更加鲁莽和危险。原来，用户发现故意超速然后急刹车,能在短时间内获得高分并降低保费。该公司不得不撤回应用程序,重新编写代码。[27]

在工作和商业环境中,经济激励对影响人们行为和决策的重要性不容忽视。我的同事斯特凡说得对:激励是个美妙的东西。要想影响他人的决策和行为,它是不可或缺的工具——所有人都能理解,(大多数情况下)容易实施,还具有普遍吸引力。激励的频率和时机至关重要,其内容如何呈现也同样重要。尤其在需要多方共同承担项目责任时,激励的协调和各方的参与感显得尤为关键。

然而,正如刚才提到的瑞典的酗酒献血者、印度饲养毒蛇的市民和利用软件漏洞的狡猾司机所证明的那样,经济激励也可能带来风险,并产生意想不到的后果。因此,在广泛实施激励机制之前,深入了解其复杂影响至关重要。在广泛运用之前,深思熟虑的设计和小范围测试会使其更加有效。找到经济激励和其他因素(如内在动机)之间的平衡点也能提供帮助。此外,人们的情感同样重要——甚至也在影响力公式中占有一席之地。这也是我们接下来要关注的话题。

第六章
以情感打动

1848年9月13日,美国佛蒙特州的一名铁路工人在铺设轨道时发生了一场骇人听闻的事故。这名工人负责用一根一米多长的铁棒将引爆粉末塞进岩石中,发生爆炸后,这根铁棒穿透了他的面部左侧和颅骨,铁棒的穿透力导致其被抛射了25米之远。但事故受害者——25岁的工头菲尼亚斯·盖奇,奇迹般地生还了下来。

没有人质疑这一事件的真实性,也没有人怀疑盖奇令人难以置信的康复过程。不到一年,他就回到了工作岗位,虽然丧失了左眼视力,增添了一些明显的疤痕,但盖奇的身体状况仍相当良好。然而,就像许多老故事,随着时间推移,人们添油加醋,模糊了原本的事实,从而产生了难以避免的误差。有些人说这次事故后,盖奇从一个谦逊勤劳的工人变成了一个怪人——酗酒成性、性格暴躁、行为古怪并与社会隔离。还有人说,他本来拥有光明的未来,但事故发生后,他只能通过偶尔在博物馆有偿露面勉强糊口。甚至有人声称,在盖奇于1860年因癫痫发作去世后,那根引发事故的铁棒同他一起埋葬，因为他对其有一种病态的依恋。许多人声称曾听见他称其为"恒久的亲密伴侣"。[1]

这些叙述中，许多都很可疑，但没有人质疑这次事故从根本上改变了盖奇的性格。要理解为什么，我们只需看看现代医学的科研成果。

在盖奇去世七年后，他的遗体出土，由医生约翰·马丁·哈洛（John Martyn Harlow）接手，后来，他将盖奇的头骨捐赠给哈佛医学院并保存至今。一个多世纪后，研究人员用神经影像学技术复原了盖奇的头骨结构，确定了伤口的确切位置以及它可能带来的影响。研究结果表明，他的左右侧前额叶皮层受到损伤——这是一个负责调节重要心理过程的大脑区域，包括社会情感功能。研究人员因而得出结论，这种损伤可能导致了盖奇在情感处理方面出现问题。换句话说，他的判断力、决策能力和行为调节能力都可能受到严重影响。

即时情绪

情感是心理学家用来描述情绪体验的术语，它迅速且自发，往往不考虑客观事实。一对夫妇在参观新房时，尽管附近就是一条喧闹的主干道，他们仍可能会在踏入前门的一瞬间便产生良好的感觉。即便一所学校的评分只是中等，家长们在实地查看时，可能仍会因与老师的亲切交流而影响判断。一个医生在为患者选择潜在治疗方案时，尽管有一种更有效且更先进的替代药物，可能仍会莫名觉得某种熟悉的药物更为合适。

如今，在信息超载、注意力稀缺的环境中，任何人基于某种情感的决策都会被过去的哲学家们斥为不理智。他们认为，情感会污染理性，而人类的真正智慧在于超越本能、超越原始祖先遗留的动物特性。哲学家们认为，要做出敏锐的判断和决策，要求我们剥离情绪、冷静客观，而不是凭借一腔热情。神学家们也常常将情绪视为负面因素。

心理学作为一门与情感问题关系最为密切的学科，其学者也曾将情感置于次要位置。20 世纪 70—80 年代的认知革命和 20 世纪 90 年代新兴的神经科学技术浪潮中，情感甚至被视为"马后炮"。那些研究人类行为中"真正的""硬核的"认知过程的学者，往往在最负盛名的大学中占据重要职位。传达的信息似乎很明确：情感被认为并没那么重要。

然而，精明的说服者们，连同一批新兴的行为科学家，却早已意识到情感有多重要。他们明白，我们对某人或某事的感受，以及面对刺激和情境做出的情绪反应，往往会作为一种强有力的信号，深刻影响我们的行动和决策。

本章将探讨如何调动这些情绪反应来增强影响力。就像在关于事实和利益的章节中一样，我将重点讨论在利用情感影响他人时，需要考虑的三个重要因素。

1. 理解与引导氛围：情绪监测与情绪塑造。
2. 选择合适的情感：情感契合 = 信息命中。
3. 情感载体：故事、逸事与类比。

但我们首先来探讨一下，为什么情感在影响力实践中扮演着如此重要的角色。

情绪即数据

传统的经济决策模型认为，面对可选择的各种选项，人们通常基于选项的效用做出决策。经过审视，他们会根据支持性的证据、特性、利益、可靠性以及最终价格等因素来计算出最佳选择。[2] 根据这一理论，人们会选择预期效用最高的提案。然而，正如本书开头的萨姆和杰克所经历的那样，现实情况并非如此。人们的决策和行为通常取决于他们在某一时刻所关注的信息，且通常伴随情绪反应，尽管其可能与正在考虑的内容没有直接联系。一位教师平易近人、善于言辞，但这并不能代表一所学校的整体质量。但对于焦虑的新手父母来说，在决定他们的宝贝儿子应该在哪度过成长关键期时，很容易因此受到影响。归根结底，情感提供了有指导意义的数据和反馈。南加利福尼亚大学的心理学家诺伯特·施瓦茨（Norbert Schwarz）将这种情感称为"信息

情感"。³

依赖感觉和情绪反应做出行动是有效的，原因有很多。其中一个显而易见的原因是效率。与逐一审视各种选项的烦琐过程相比，直觉能提供即时的建议。它们还可以保护我们的安全——当我们遇到陌生人或收到来源不明的短信时，内心的不安警示着潜在风险。

面对复杂多变的世界，情感提供了一种高效的应对方式，让我们用一个易于回答的问题替代一个难以回答的问题。比起"这所学校适合我的孩子吗？"，家长们可能会自问："我觉得这所学校怎么样？"比起"什么治疗方案最适合这个病人？"，医生们可能会自问："我觉得什么治疗方案最合适？"很多时候，人们就是凭直觉来做决定的。

"凭直觉"不仅仅是一句口头禅，它确实会发生。大脑中与情绪反应相关的区域与身体的其他部分进行交流，由此产生的身体感觉向我们传递了可能的行动方向。通常，我们并不是"知道"该做什么，而是"感觉"该做什么——即使在复杂的决策情境中也是如此。

或者更准确地说，尤其是在复杂的决策情境中。

来自南加利福尼亚大学的学者安东尼奥·达马西奥（Antonio Damasio），据此提出了"躯体标记理论"（somatic marker theory）。⁴他的研究表明，当人们产生某些身体感觉（即躯体标记）时，大脑会附上情感体验。我们都有过这样的经历：心跳加速是焦虑的信号，厌恶引起胃部不适。有时，身体会产生一种莫名的"感觉"，尽管我们无法明确辨认，但它已经传递了大量信息。达马西奥的研究表明，这些信息有助于改善决策。所以，下次在你感到胸口发紧或胃部不适时，我建议你：听从身体的提示。

但这往往说起来容易做起来难。个人经验和客观事实表明，我们对情绪的自觉和反思能力因人而异。有些人具有较强的"自我感知"或"第六感"，而另一些人则较弱。

情感很复杂——时而强烈，且容易归因于某个特定情境；时而漫长，一天中的情绪和事件累积、交织，导致我们无法准确识别其最初来源——这一现象被称为"吊桥效应"。例如，你在一座悬崖间的吊桥上行走，心跳随着吊桥的摇晃而加速，但却误以为你的小鹿乱撞是因为身边拉着你手的朋友；你可能在下午感到莫名沮丧，实际上是因为早上与一个讨厌的同事有过不愉快的互动，但你却没有将二者联系起来；在公司经历了漫长的一天后，我们也常常在不经意间把怒气发泄在配偶、孩子，甚至是宠物猫身上。

情感对决策和行为的影响如此之大，以至于它们成了影响力公式的第三个要素。能够意识到情感的存在，并明智地利用它，对于任何希望掌握影响力过程的人都至关重要。接下来讨论三个关键点。

理解与引导氛围

情绪监测与情绪塑造

当人们在电影院里就座时,他们可能希望度过一段愉快的时光,从紧张的现实中松一口气。然而,密歇根大学的心理学家弗拉达斯·格里斯克维丘斯(Vladas Griskevicius)另有打算。他设计了一项有趣的研究,旨在揭示观众的情绪状态对他们的决策和行为的重大影响。[5]

在电影放映过程中,他在不同的场次安排了两种不同的广告,主题都是宣传一家附近的餐厅,但卖点不同。其中一种广告称,这家餐厅非常受当地人欢迎,外面常常排着长队,一座难求;另一种广告则称,这家餐厅别具一格,至今未被大众发现。

这能影响观众的选择吗?答案是肯定的。但正如弗拉德所预测的那样,不同的观众群体对这两则广告的反应不同,而这种反应的效果则取决于他们观看的电影类型。观看恐怖片的观众更重视餐厅的受欢迎程度,而观看浪漫喜剧的观众则更关心餐厅的独特性。

仔细思考,就能想到其中缘由。观看恐怖片的人,通常会被电影中的惊悚情节吓到,从而感到恐惧和紧张。在这种情境下,传递出餐厅中人群密集的信息,可能会稍稍平复他们的心情——虽然待在人群中并不能完全消除被杀人狂魔盯上的风险,但无疑能降低其发生概率。

但对于那些观看浪漫喜剧的人来说,他们看到爱情克服了鸿沟,男女主角最终"永远幸福地生活在一起",从而体验到了截然不同的情绪:亲密无间。在这种情境下,热闹嘈杂的餐厅就显得不那么吸引人了。而一间顾客较少、私密、独特的餐厅,显然更对他们的胃口。

关于施加影响力,弗拉德的研究提供了一个重要的启示:我们在试图影响个人或群体时,轻视其情绪状态是不明智的。精通影响力过程的人深知这一点,并在传递信息之前敏锐地关注受众的情绪状态——他们是情绪监测者。他们知道,财务总监的情绪状态会在很大程度上影响他们对预算的评估,并相应地调整策略。他们甚至会耐心等待,选择在受众情绪更适合的时机去传达信息。

但如果你无法感知到情绪状态呢?也许你从未见过你的受众,完全不了解他们的情绪状态。又或者,你向一大群人进行演讲,而他们可能有着各种情绪,有些人悲观,有些人积极;有些人愉快,有些人沮丧。在这种情境下,敏锐的影响者会根据不同的情况采取不同的策略:他们会成为情绪塑造者。与其等待受众们的情绪状态自发改善再传递信息,不如选择主动出击,在受众中引发一种特定的情绪或感觉,为他们即将传达的信息创造有利的氛围。换句话说,他们在受众接收信息之前，先做好情绪上的准备。就像园丁在播种之前犁土一样，他们确保受众为即将提出的建议做好情绪上的准备。

但不同的情绪状态可能引发不同的反应。那么，如何选择合适的情感呢？

选择合适的情感

情感契合 = 信息命中

人类情感的范围极为广泛。关于单一情感状态的书籍汗牛充栋，而像"爱"这样的情感，已出版的书甚至能塞满整座图书馆。但在职场中影响他人时，有一种方法可以为潜在的说服者提供有用的指导，帮助他们确定哪种情感最有利于实现目标。这种方法被称为"情感环状模型"（circumplex grid），它将情绪分为两个维度：情绪的"效价"（valence），即情绪的愉快或不快程度，以及情绪的"唤醒度"（arousal），即其所引发反应的平静或激动程度。[6] 图 6-1 总结了部分情绪，人们在体验到这些情绪时，后续的决策和行为会受到巨大影响。

我选取其中四种情绪——愤怒、厌恶、同理心和敬畏——来展示它们如何影响人们的决策与行为。

影响力的本质
有效沟通、打动人心、赢得信任的艺术

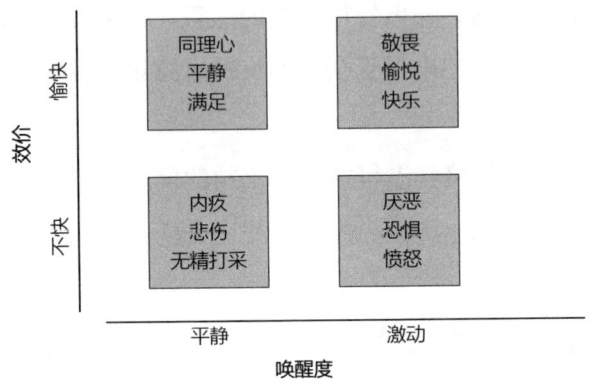

来源：J. A. Russell，"情感环状模型"，《人格与社会心理学杂志》，第39卷第6期（1980年），版权所有©James Russell 1980。经James Russell许可转载。

图6-1　情感环状模型

愤怒

大部分人大多数时候都处于偏积极的状态。因此，可以合理推测，负面情绪代表我们偏离了惯常的情绪状态。例如，悲伤通常是由某种丧失引发的：一段关系的结束、未实现的计划、未获得的晋升等。悲伤可能会暴露我们的脆弱。《心理科学》（Psychological Science，一本心理学期刊）上的一项研究表明，面对同样的商品，比起情绪中立的人，情绪低落的人通常愿意支付更高的价格。[7]

像悲伤一样，愤怒也由丧失引发，但通常可以归咎于他人。在我们未得到应有的认可时，可能会在心里生老板的气；一位好胜心强的同事得知自己未赢得一个重要客户时，也可能会感到愤怒，但他们不会承认是自己的过错，而是将责任归咎于市场部或财务部；我们也可能因为遇到一个没礼貌的司机而生气，向他们比划不雅的手势或骂难听的脏话。

尽管愤怒和悲伤都由丧失引发，但这两种情绪对我们的后续判断会产生不同的影响。虽然悲伤的情绪可能导致一些人冲动消费，但大量研究发现，悲伤更可能引起更深入的思考。事实上，研究表明，情绪低落或悲伤的人更不容易被薄弱的论点说服。[8] 说服老板相信其他人都错了，他应该支持你去开发一种新的加密货币——本来就很难。而当他情绪低落时，你更应该避免尝试去说服他。

愤怒则不同。哈佛大学心理学家詹妮弗·勒纳（Jennifer Lerner）指出，当我们感到愤怒时，会极大地偏离理性思维。[9] 愤怒推动我们优先考虑短期利益，而为此付出长期代价。当我们愤怒时，我们反应更快、行动更迅速，但情绪可能失控。有些人甚至会因此挑起一场大战。

撇开那些报复性的怨恨和冲动的敌意不谈，值得注意的是，这种情绪并不总是具有破坏性的。经过深思熟虑、适度引导，愤怒是可以发挥积极作用的。例如，一位商业总监手下的团队把客户输给不如他们的竞争对手时，他可能会利用这种愤怒，激励他们提升销售额。当有人目睹职场霸凌或听闻无辜市民遭受袭击时，这种愤怒或许能促使更多受害者站出来为弱势群体发声。

厌恶

试想，你被委以重任，为非洲农村社区设计一项旨在推广良好卫生习惯的宣传计划。你的客户是一支公共卫生官员团队，他们经过深入研究得出结论：通过说服居民更频繁地使用肥皂和消毒剂洗手，可以显著减少肠胃疾病及其他传染性疾病的传播风险。在思考这一问题并制定策略时，你可能会认为关键在于强化教育与提升公共卫生意识。许多宣传活动通常遵循类似的路径：通过教育公众、增强其对问题的认识，同时宣传良好卫生习惯的益处，来促使人们采取期望中的行为。

教育与意识提升策略有时确实奏效，但更多时候它们往往因缺乏情感共鸣而失败。特别是厌恶情绪，因其能够引发强烈的本能反应，在某些情况下效果特别显著。

例如，在加纳开展的一项研究中，研究人员并未单纯宣传肥皂或消毒剂的重要性，而是通过一系列简短的视频广告，将厌恶感与饭前便后不洗手的行为直接关联起来。研究结果令人瞩目：在项目实施前，数据显示仅有不到5%的人会在如厕后用肥皂洗手；而在引入厌恶情绪的干预措施后，这一比例显著提高。肥皂的使用率上升，且约40%的受访者表示会在饭前用肥皂洗手。[10] 此外，研究表明，类似策略同样适用于西方社会，通过引发厌恶情绪的信息能够有效改善个人卫生行为。

厌恶情绪之所以能影响我们的行为，是因为它与生存密切相关。进化心理学家指出，厌恶情绪在人类的祖先选择食物、居住地点以及交往对象时发挥了重要作用。即便在现代社会，厌恶情绪的影响依然无处不在。尽管如今它更多地被用于娱乐目的。想象一下，颇有争议的名人或政客在真人秀节目中吃骆驼的生殖器，你是会马上关掉电视，还是一边恶心一边看？

当厌恶情绪和愤怒情绪结合在一起时，会强烈影响我们对于是非对错的判断——美国心理学家乔纳森·海特（Jonathan Haidt）证明了这一点。[11] 若这两种情绪调动得当，它们能激发愤慨以及对正义的渴望，并可能减少包括反社会行为在内的不良行为。我与我的同事约瑟夫·马克斯和爱丽丝·索里亚诺（Alice Soriano）共同进行了一项研究，提供了一个有力的佐证。为减少某个欧洲公共交通系统的逃票率，我们首先询问了正常乘客，他们会如何形容那些逃票的人。最常见的回答是"骗子"——这个词非常有趣，它往往会激起人们的愤怒，主要原因是它有明确的归咎对象。对于一些人来说，它甚至会激发疏离感甚至厌恶感。毕竟，即便是骗子自己也不喜欢其他骗子。

在我们的研究中，原本的海报是告知逃票者会面临罚款，后来我们将其换成了一个更具情感冲击力的信息，称逃票者为"骗子"。结果,逃票率下降了16.6%,且效果持续了近一年。这并非偶然。当这种方法在澳大利亚的某个轻轨系统上再次运用时,逃票率下降了21.4%,节省了数百万美元的资金。[12]

在施加影响力时,激发愤怒和厌恶等情绪反应的做法可能会引起争议,甚至显得有些残酷。然而,这种做法确实有效。因此,在使用时需要小心,以确保其运用得当。值得注意的是,这两种情绪通常在减少或避免某些行为时效果显著。不过,这并不意味着在需要激发或强化某种结果时,就应避免使用这两种情绪。只是相较之下,与之相反的两种情绪——同理心和敬畏对其可能更为适宜。

同理心

能够感受和理解他人情绪的能力——即设身处地为他人着想——构成了我们人性的核心。同理心具有跨越各种界限的能力,无论是自然形成的界限(如文化与种族差异),还是人为构建的界限(如企业文化和部门隔阂)。作为一种强大的情感力量,同理心不仅能够激活、维持和修复人际关系,还对我们的决策过程有着深远影响。在评估是否应采纳某人的建议时,我们往往会将复杂的问题简化为一个更直观的判断标准:从"此人是否具备专业知识"转变为"此人是否表现出足够的关心",将"这个人知道自己在说什么吗"换成一个更简单的问题,即"这个人在乎我的回答吗"。

在某些情境下,同理心甚至能够带来根本性的转变。例如,在新冠疫情大流行期间,许多个人和群体展现了超越分歧的合作精神。琐碎的矛盾被暂时搁置,陌生人之间为了共同利益展开协作。人们通过佩戴口罩保护易感人群,建立通信群组去帮助那些我们几乎不认识的邻居。尽管这些行为部分是对强制性政策的直接响应,但影响力公式的三个关键要素——事实、利益和情感——同样发挥了重要作用。具体而言,每日更新的感染人数、新变种病毒的传播动态以及住院人数等数据提供了事实;而针对违规者的罚款则构成了经济约束。然而,最显著的影响因素可能来自情感层面,特别是由同理心激发的关怀行为。正是这种普遍增强的同理心促使人们更加关注他人的需求。因此,同理心常被视为社区的"社会黏合剂",并成为影响力工具箱中不可或缺的重要组成部分。

戴尔·卡耐基在其经典著作《人性的弱点》中明确指出,"热情待人,展现同理心"是实现人际成功的核心原则。这一理念历经时间考验,依然适用。让我们看看纳丽妮·安巴迪（Nalini Ambady,快速社会认知判断领域的开创性研究者）[13]的研究成果。她录下了外科医生与病人之间的对话,并将录音播放给完全陌生的被试者。每段录音仅持续10秒,之后让听众评估医生的同理心。在将这些评估结果与医生的专业记录进行匹配时，她发现了一个惊人的事实：那些被评为更有同理心的医生，发生医疗事故诉讼的概率是其他医生的 1/6。由此可见，相较于专业知识，患者更看重医生是否展现出真正的关怀。

这个结论不仅适用于医疗领域。对于所有从事领导和管理工作的人来说，培养同理心思维尤为重要。在当今高度互联且竞争激烈的职场环境中，不确定性与复杂性日益凸显，领导者需要同时具备专业能力和人文关怀。尽管许多企业在实践中往往更注重能力指标，但研究表明，真诚的同理心是实现高效领导的关键路径之一。长期来看，过度强调能力而忽视同理心可能导致负面后果，包括员工流失率上升、团队凝聚力下降等问题。相比之下，那些被誉为领导力大师的人士不仅展现出卓越的专业素养，还通过同理心建立了深层次的情感联结，从而跨越分歧、弥合对立。

这样做的结果是什么呢？他们的影响力得到了显著提升。

敬畏

想象有这么一群喧闹的商人，在达成一场交易或获得一笔丰厚的利润后，站起来互相拍着对方的背，兴奋地击掌庆祝,以一种炫耀式的庆祝方式自吹自擂。"太棒了!"他们大声叫嚷。这种场景我们不难在脑海中勾勒出来。我们可能会觉得这种行为浮夸、炫耀,甚至庸俗。但这绝非真正的敬畏。

作为一种情感,敬畏更像是一杯鸡尾酒,而不是一杯烈酒。它是一种充满好奇、惊诧和希冀的情感混合物,其鼓舞和说服的能力令人印象深刻。敬畏能够感染人心的其中一个关键原因是,它能够削弱个人的自负,激发无限可能。神经学家博·洛托(Beau Lotto)研究了包括太阳马戏团(Cirquedu Soleil,加拿大的一个表演团体)在内的许多令人敬畏的表演者,他将敬畏描述为一种与非凡事物接触所引发的新奇感和活力感。[14]这种情感体验确实令人振奋。

然而,需要注意的是,敬畏并不是一种孤立的情感体验。它有一种集体性,常常会激发人们与他人建立情感联系的需求。这就可以解释,为什么当人们独自体验到敬畏时,他们通常会产生一种冲动,希望立即与其他人分享这一感受。这对疲惫的商务旅行者来说是一个重要的启示。尽管在出差时顺道参观大峡谷或参加里约热内卢的狂欢节可能颇具诱惑力,但我强烈建议你不要这么做。等出差结束后和最亲近的人一起去时,我保证你会更开心,体验会更好。

当人们想到敬畏之情时,通常会联想到宏伟的事物:令人振奋的自然景观、非凡的工程壮举、浩瀚的夜空或见到偶像时的激动心情。然而，敬畏之情的宏大特质在不那么宏大的情境中也能被激发。值得庆幸的是，当面临的说服任务涉及说服一个群体放弃个人偏好，转而关注大局时，敬畏之情是一种特别有影响力的激发情绪。它能将群体的需求置于个人需求之上。

因此，在为下次销售会议准备 PPT 或撰写一场鼓舞人心的会议演讲时，不要急于打开 PPT，复制粘贴最新的季度平均利润或当前销售漏斗的状态，至少不要在一开始就这么做。更好的做法是，先考虑如何引导情绪，创造集体的敬畏感，尤其当你的目标是激发团队对商业目标的集体责任感时。

敬畏也可以用来促进一些亲社会行为。加利福尼亚大学的心理学家保罗·匹福（Paul Piff）发现，处于敬畏情绪中的人更容易同意诸如"我感到自己正置身于某种远超自身的伟大事物之中"这样的表述。他们甚至声称自己会更守道德。当匹福询问他们将捡到的钱归还给失主的可能性时，体验到敬畏的人比体验到其他情绪（如骄傲）的人表现出更高的诚实度。[15]

显然，我们的情绪状态——无论是愤怒、厌恶、同理心、敬畏，还是其他各种情感——都能显著影响我们的决策和后续行动。这引出了一个更广泛的问题：我们如何通过在听众中建立这些有说服力的情绪状态来增强我们在工作中的影响力，让它们为我们的重要信息做好准备？有一种方法似乎特别有效。它要求我们通过两种特定的情感载体，在我们的诉求中注入人性。

情感载体

故事、逸事与类比

几乎所有成功影响力的根基中，都藏有一个不可避免的真理：它是关于人的。说服力中有一种人性。那些在传递信息时，能够建立最基本的人际联系的人，更有可能取得成功。然而，这一点容易被忽视。现代的商业工具，如电子邮件或其他接发文字消息的平台，都旨在提高效率。的确，它们极具效率、广泛运用，然而，我们对其过度的使用和依赖是有代价的。康奈尔大学的组织心理学家兼《顺从：说服和被说服的心理策略》(You Have More Influence Than You Think) 一书作者瓦妮莎·博恩斯（Vanessa Bohns）的研究发现[16]，比起通过电子邮件，面对面做出相同请求，生成积极回应的可能性高出 34 倍。[17] 她并不是让我们完全抛弃电子邮件、Slack 和 WhatsApp 这些职场常用的沟通工具，但至少不能高估这些高效但冷漠的沟通方式。如果说有什么解决方法，那就是：拿起电话，与人直接沟通。

在如今数据驱动的工作环境中，即使引入最小的人性化措施，也能带来巨大的变化。当研究人员在 CT 扫描图像中随机加入一张患者的护照大小的照片时，比起那些没有看到照片的医生，那些看到患者面孔的医生，即便评估出的病情程度相差不大，也会建议他们做更多的检查和治疗。[18]

与失踪人口信息平台（missingpersons.org，一家慈善机构网站）合作时，我的同事安妮塔·布拉加（Anita Braga）将一些分辨率较低的失踪人员照片，通过人工智能技术转化为动态图像，将其展示在数字广告屏上，并将"失踪人员"字样改为"帮我们找到他/她（名字）"，结果有更多民众拨打电话，报告目击信息。[19]

使用面部信息在电子邮件沟通中也被证实有效。当一家洗车公司在预约确认邮件中附上安排的工作人员的照片时，客户的取消率大幅降低，因离家而无法接待的情况也大幅减少。相比一般的电子邮件，人们更难忽视带有某人面孔的邮件。这是为什么呢？为什么本来普通的消息，加上一点人性化措施，会带来如此大的变化？

心理学家认为，根据信息的人性化与否，人们有着两套完全不同的处理方式。当我们面对基于逻辑和事实的论点时，我们自然而然地对所说的内容持怀疑和批评态度。然而，人性化的叙事提供了情感联系，可以打动人心。有趣的是，研究证明，使信息或提案更人性化，能够让听众投入其中，降低他们对内容的识别能力。当然，这并不是鼓励我们用人性化的方式来加强一个本身薄弱的论点。但我们不该忽视这种力量，原因很简单：人们会对你的事实和逻辑提出质疑，但很少会反驳你的叙事。

叙事优于统计数据。这就是为什么影响力大师们总是以叙事开篇。他们知道，要取得最终效果，需要先通过叙事让听众产生情感共鸣，再提出自己的观点。如果你想在工作中拥有影响力，记住：应该先讲经历，再讲解释；而不是先讲解释，再讲经历。

除了通过叙事使我们的呼吁更人性化，使用逸事和类比也可以引人入胜、联结情感，帮助听众更好地收听你接下来要说的话。

逸事

爱尔兰小说家威廉·特雷弗（William Trevor）曾指出，短篇小说"应当是真理的爆发"。这一观点同样适用于趣闻逸事。这些简短、直截了当的叙述常常能够吸引注意力并打动听众，尤其在描述某个主题的具体特征或细微之处时，它们能够以小见大，阐明更广泛的观点。比如，一位家长向抱怨的孩子解释，"你知道吗，我小的时候电视里只有四个频道"，或者一位经理告诉新员工，"曾经，我鼓起勇气去结交一位高级经理，从而获得指导并赢得未来的职业机会"，这些都是趣闻逸事的典型例子。

传播学者认为，信息处理的流畅性（即人们理解信息的难易程度）赋予了趣闻逸事强大的说服力。它们具有"叙事真实性"，与受众自身的经历高度契合。当这些故事能够引发共鸣并反映现实时，许多人会将其视为一种可靠、引人入胜且值得信赖的信息来源。

对于有影响力的沟通者而言，趣闻逸事是一种重要的工具，因为它们能够在信息与真理之间架起桥梁。相较于苍白的统计数据和抽象的数据，趣闻逸事为论述增添了生动的色彩。神经科学家的研究表明，趣闻逸事不仅能激活大脑的语言处理区域，还能通过增加催产素的分泌来激活负责情感体验的神经区域。催产素是一种促进积极态度和社会联结的激素，因此，趣闻逸事在情感层面也具有显著的影响力。

文学与历史中充满了趣闻逸事，从《了不起的盖茨比》到"哈利·波特"系列，无不如此。想想罗纳德·里根（Ronald Reagan，美国前总统）说过的——"在美国，一切伟大的变革都始于餐桌"，或者想想比尔·克林顿（Bill Clinton，美国前总统）的话——"我们的不同确实重要，但我们共有的人性更加重要"。然而，将趣闻逸事局限于文学作品或政治演讲是不准确的。其真正的价值在于日常生活中的应用：通过承认自己的错误，让听众与更广泛的教训产生共鸣；经理公开表扬团队成员对客户服务的奉献精神；慈善机构通过突出一个被改变的人生来增强呼吁的感染力。只要遵循一些基本原则，趣闻逸事的说服力便能得以充分发挥。首先，它们必须极为简短；其次，它们应具备对话式的自然风格；最重要的是，它们应当显而易见，无需过多解释。一旦需要详细说明，趣闻逸事便失去了其本质特点。

类比

"有人曾指出，期待第一部小说取得成功的作者，其处境恰似将一片玫瑰花瓣投入亚利桑那州的大峡谷，然后等待回声一般。"

就类比而言，P.G. 伍德豪斯（P.G.Wodehouse）在《鸡尾酒时光》(*Cocktail Time*)中对初出茅庐的作者所做的描述，无疑极为贴切。这一表述是否过于严苛？确实如此。然而，它是否生动清晰且毫无歧义？答案亦然。

与逸事类似，类比同样可以作为有效且具有说服力的叙述工具。但两者的作用机制存在差异：逸事通常是个人化的叙事，旨在建立情感联系；而类比则是通过比较，将沟通者希望引入的新概念与受众已熟知的事物相联系，从而促进理解。

类比利用了认知科学家所称的"结构映射"过程——一种帮助我们将熟悉的、现有的知识与新颖的、不太熟悉的概念联系起来的机制。[20] 例如，爱因斯坦曾通过将一个人骑在光束上与另一个人沿火车奔跑进行对比，形象地阐释了时间和空间之间的关联。鉴于类比能够加速受众对新思想和概念的理解，在沟通者试图说服目标群体接受新的提议或创新（尤其是复杂或深奥的内容）时，类比往往能发挥重要作用。换句话说，类比常常能够化繁为简：气候科学家将面临困境的地球比喻为重症监护病房中的患者；销售代表将一款新产品形容为"就像苹果手机，只不过是给洗碗机用的"；史泰博（Staples，著名办公用品零售商）的创始人托马斯·斯坦伯格（Thomas Stemberg）在向投资者自荐时声称，他的新文具连锁店将成为"办公用品领域的百思买（Best Buy，著名电子产品零售商）"。即便是投资者本身，也难以抗拒使用一两个富有说服力的类比。例如，沃伦·巴菲特在被问及如何挑选新项目时，表示他会优先考虑那些具备"经济城堡"地位的企业——这些企业通常拥有护城河般的竞争优势，使竞争对手难以侵入。

至此，一个重要的启示浮现出来：仅凭事实和利益说服他人，违背了我们在进化过程中形成的情感本能。这并不是说它们不重要——它们确实是影响力公式中三个关键要素之二。但就像两条腿的凳子无法稳固支撑那样，单纯依靠这两个要点也无法构成强有力的影响策略。冰冷客观的事实固然重要，但温暖、柔软的人类情感同样不可或缺。那么，为什么你的老板应该重视你所提议的新举措呢？除了能节省资金，你的创意还能给生活带来怎样积极的改变？当你实施新培训方案时，人们会感受到什么？

无论影响对象是一个人、一个团队，还是更广泛的群体，我们都应该时刻牢记：成功说服他人的路径，始终是人性化的。

第三篇
职场影响力：法则、实践与伦理

概述

像许多人一样,我对新奇的概念、妙趣横生的想法以及新颖的理论很感兴趣,尤其是那些能在一定程度上解释人类迷惑行为本质的理论。但我也像大家一样,对那些只在理论上说得通的观点没什么耐心。在工作和商业的领域,大多数人归根结底还是看结果的。

这本书的前两篇就是想把关于说服过程的可靠信息和实际证据摆出来,再结合实用方法,让那些想在工作里更有影响力的人能派上用场。想必你阅读这本书,不光是想知道在工作中提升影响力的理论,更想学会怎么去做。到了第三篇,我会着重讲讲影响力法则、实践方法和伦理问题。

先说说法则。20多年前,我有幸认识了罗伯特·B.西奥迪尼,后来还跟着他学习,与他共事。在说服心理学领域,他堪称全球顶尖权威,其研究成果也被广泛引用。他对我的人生与职业发展产生了极为深远的影响,能师从这样一位备受尊崇的专家,并与他共同开展研究、发表成果,我深感荣幸。

西奥迪尼在社会科学史上有着举足轻重的地位。他的著作《影响力：说服心理学》(*Influence: The Psychology of Persuasion*) 于 1984 年首次出版，当时谁都没想到这本书会产生如此巨大的影响力。迄今为止，该书已卖出超 600 万册，且销量还在不断上涨，已然成为企业高管、政策制定者及各界领袖提升影响力的必读之书。不过，和许多成功的故事一样，这本书籍的诞生也并非一鸣惊人。那时，西奥迪尼作为亚利桑那州立大学的新晋终身教授，开始着手研究人们在说服他人时所运用的策略与方法。他深入各类"影响力场景"，诸如销售培训班、企业、游说团体，本期望能找到成千上万种有效的战术和策略，但他只找到了七种。

鉴于西奥迪尼的研究成果对影响力实践的重要性，我需要专门用一整章来详细介绍。第七章总结了影响力的七大法则，以及我与他合作的一些新的研究案例。

由于我长期与西奥迪尼合作，总有人来问我如何才能提高说服力。在第八章，我整理了 10 个大家常问的问题，这些问题都来自真实的职场经历。虽然不能确保万无一失（毕竟任何影响力方法都不能保证绝对有效），但我想这些回答肯定比盲目猜测或全凭直觉更加有用，能给大家提供一些启发。

最后，第九章要谈谈影响力的伦理问题。虽然我们具备影响他人的能力，但这并不意味着可以肆意滥用这种能力，至少要从大局出发，好好考虑一下可能会造成什么影响。这章篇幅不长,不是因为不重要(其实这是最重要的部分),而是因为这本书是作为实用指南编写的,作为作者,我假定读者的出发点都是好的。所以,不需要进行道德说教或劝诫,而是引导大家在运用新学的影响力技巧时,既能立竿见影,又能长远有益,还不会丢了自己的原则和操守。

第七章
影响力的七大法则

本章要讲讲罗伯特·B.西奥迪尼的七大通用影响力法则。这些法则是他多年研究的成果,在其开创性著作《影响力:说服心理学》[1]中有详细阐述。你可以把这些法则当作一套工具,在适当的场景下合理运用,能够有效促使他人与你达成共识。

这其实跟我们平常干活一样,不同的场景就得用不同的工具。虽然用螺丝刀和锤子也能在墙上打孔,但肯定还是用钻头打孔更方便。影响力法则也是如此,有些法则专门用来应对特定的影响力难题,适用于特定的场景。接下来,我就按照有用性的顺序介绍一下这些法则,顺便回答一个我常被问及的问题:在某个特定情境下,哪一个说服法则最管用呢?

我的另一位同事格雷戈里·尼德特(Gregory Niedert)博士的研究为这个问题提供了答案。他发现,虽然我们在工作和生活里碰到的影响力挑战五花八门,但绝大多数挑战可归纳为三大类。换言之,人们所面对的影响力挑战主要集中在三个核心领域。

第一类是关系型挑战。想要说服某个人或者某个群体，你多半得先跟他们拉近关系。要是关系没建立起来，你就算再有本事，也很难影响到他们。比如说，你要拓展新客户、想接触到能拍板做决定的人、扩大自己的人脉圈子，或修复一段出了问题的关系，都属于这一类挑战。在西奥迪尼的七大影响力法则里，有三个法则在应对关系型挑战时特别管用，就是互惠法则、喜好法则和团结法则。

第二类是决策型挑战，就是要打消人们对你提的想法或者建议的顾虑。就算你和你想说服的人已经非常熟悉，但他们对你的提议还是会存在疑虑。这种疑虑和不确定会让你的说服效果大打折扣。所以，关键就在于怎样打消他们的疑虑，让他们更相信你的想法，从而痛痛快快地做出决策。这时候，西奥迪尼的另外两个法则就能派上用场了，也就是权威法则和社会认同法则。

第三类是行动型挑战，就是要让别人实实在在地行动起来。就算你和对方关系不错，他们也认可你的想法，但很多时候，心里想做和真的去做之间还有很长一段距离。碰到这种情况，西奥迪尼剩下的两个法则——信守承诺法则和稀缺法则就可能派上用场。

关系型影响力挑战

法则 1：互惠法则

当收到礼物或获得帮助时，人们往往会以同样的方式回馈

在哥伦比亚的波哥大，周末带孩子来麦当劳的家长们都知道，等孩子吃完开心乐园餐，在儿童球池里疯玩一通后，还有一个小礼物在等着他们。当他们哄着玩累了的孩子往车上走的时候，店员会给每个孩子发一个大大的红色气球，纪念这愉快的一天。这一举动不仅是对快乐时光的美好纪念，也进一步加深了顾客与品牌之间的情感联系。

注意，这个气球不只是个纪念品，对店里的生意也有好处。孩子高兴了，家长也开心，下次就还会再来，店里的销售额也就跟着增加了。

我和心理学家海伦·曼金（Helen Mankin）给麦当劳的经理提了个建议，想让他们把发气球的方式改一改。经理们起初并不愿意，这也能理解，有谁会轻易更改一个已经成功的经营模式呢？但我和曼金坚持表示我们的办法一定会有效果，最后经理们终于同意试试看。结果实验刚开始，店里的咖啡销售额就立刻增长了整整 20%。[2]

我们的建议其实很简单，就是把发气球的时间从孩子离开的时候改成进店的时候。为什么这个小小的改变会产生如此大的影响呢？因为大多数人都觉得，别人给了自己好处，自己就得还回去。孩子在离开餐厅时拿到气球，感觉像是对这次来吃饭的奖励；但若一进门就拿到气球，这就变成了一份礼物。按照社交规则，拿了人家的礼物就得回礼。在麦当劳这儿，顾客回礼的方式就是多买点东西。

但为什么偏偏是咖啡的销售额增加了呢？孩子们又不喝咖啡。原因其实很简单，家长们都懂。给孩子的礼物，其实就是给家长的。所以家长们就给自己买杯咖啡，算是还了这份人情。

麦当劳的这个实验很好地说明了西奥迪尼的第一个影响力法则：互惠法则。一般来说，人们会对那些给过自己好处的人表示友好。当然，也不是所有人都这样。总有一些人，心安理得地接受别人的帮助，却不想着回报。比如说楼上那对夫妻，他们去度假的时候让邻居帮忙扔垃圾，可等邻居需要帮忙的时候，他们却装作看不见；还有那种同事，每次轮到他买咖啡的时候，就说客户有急事儿找他，靠接电话躲过去。我们管这种人叫"蹭子"或者"吃白食的"。

这些人虽然能占到便宜，但也不是没有代价的。他们会受到大家的谴责，如果有什么活动，别人也不会叫上他们。要是一直不知悔改，就没人再愿意搭理他们了。从人的基本需求来说，大家都想做对的事、跟别人搞好关系、维护自己的形象，而互惠法则能帮我们建立和维持跟别人的联系。那些遵守社交规则、懂得礼尚往来的人，往往能交到更多的朋友，获得更多的帮助，在社会上也更吃得开。说白了，他们在影响别人这件事上，会更有优势。

互惠不仅是人与人合作的基础，对团队效率来说也至关重要。那些主动跟别人分享资源、互相帮助的人，在工作和生活中通常都会更加成功，所以父母们从小就教育孩子要懂得感恩和回报。但也许这只是强化了孩子天生就有的意识，因为研究发现，很多孩子在两岁之前就知道"有来有往"的道理。这就难怪互惠法则在提高影响力方面这么管用了。

先给予

你有没有在住酒店的时候看到浴室里有张卡片，让你重复使用毛巾，说是为了环保？有些酒店还会说，如果你这么做了，他们会给慈善机构捐款。或许很多人听完了会觉得这样真的能促使客人重复使用毛巾，但加利福尼亚大学洛杉矶分校安德森商学院的社会心理学家诺亚·戈尔茨坦做了一系列研究，发现结果恰恰相反。那些知道酒店会捐款的客人，反而更少选择重复使用毛巾[3]。

这一结果看似令人费解，到底为什么呢？也许客人不相信酒店真的会捐款，也许他们不喜欢那个慈善机构。但还有一个原因，和互惠法则有关。注意，酒店的规则是只有当客人重复使用毛巾时，它才会捐款，也就是说，客人需要先付出。从本质上讲，酒店传递的信息是："如果你为我们做了这件事，我们才会为你做那件事。"在这种模式下，客人需要首先采取行动，而非酒店主动先行给予。然而，根据互惠法则的核心要求，人与人之间的互动应遵循"先给予，后回报"的逻辑。而酒店当前采用的"先索取，后给予"的方式显然违背了这一法则。

精明的商家都明白这个道理。实践表明，免费样品或试用体验往往能够显著提升销售额，并足以弥补企业为此投入的初始成本。同样，在政治领域，为竞选活动提供支持的人士通常能够享受到政策倾斜、游说资源以及人脉关系等实际利益。在戈尔茨坦的研究中，那些被告知酒店已代其向环保慈善机构捐款的客人，重复使用毛巾的可能性比其他客人高出47%。[4] 这一结果清晰地揭示了一个重要启示：若想鼓励他人为你做事，你应当首先主动为他人创造价值。

给予什么？

在我研究影响力的20多年里，我发现，能让人们愿意回馈别人的东西有了一些变化，尤其是在工作和商业领域。以前，大家主要靠送一些实实在在的礼物来拉近关系，比如体育比赛的门票、会议赞助、请吃午饭，或者送印有公司标志的笔、Polo衫、雨伞等公司礼品。但现在，这些东西的效果没那么好了。一方面是因为监管政策越来越严,很多公司不让员工接受这些礼物,就怕员工因为这点小恩小惠,不去选最合适的合作伙伴,而去选那些给好处的合作方。更何况现在这些东西并不稀缺,大家都习以为常了。

另一方面,现在越来越多的公司用免费订阅和样品这种小东西来激发人们的回报心理,从而提升自身的影响力,这已经成了一种趋势。他们还会专门挑礼物送给社交媒体上的"网红",因为他们知道,只要"网红"在网上晒一晒他们的产品,就有可能轻轻松松卖到断货。但并不是谁都能当"网红",也不是谁都有那么多预算来送礼物。那么普通人——他们既不想花大价钱买礼物、也没那么多粉丝,该怎么提高自己的说服力呢?

办法之一就是别总想着送那些看得见、摸得着的实体礼物,多送点看不见的"礼物"。送实体礼物有个问题,就是很容易被别人比下去。别人送的礼物可能比你的贵、比你的好,这样一来,你送的礼物就显得没那么用心了。慢慢地,送礼物都快变成一场"军备竞赛"了,谁送得多、送得好谁就赢。这就导致大家越来越贪心,对礼物的要求越来越高,而送礼、回礼这种互惠行为本应有的那份人情味却越来越淡。

但看不见的"礼物"就不一样了,这种礼物更有人情味。我所说的看不见的"礼物",就是那些在线下线上都买不着的东西，比如花时间陪伴、耐心倾听、真诚夸赞、理解别人的感受、恰到好处的建议、靠谱的推荐，还有给予对方信任。

如果你想让别人信任你，你就要先信任他们；如果你想让别人听你说话，你就要先听他们说话；如果你想让别人帮助你，你就要主动先帮助他们。

如何给予？

给别人帮忙、送东西，这里面的门道非常多。重要的不只是给予什么，还有如何给予。一项研究发现，服务员在给客人账单的时候，如果送上 1 颗薄荷糖，他们得到的小费会比不送糖的服务员平均高出 3%；如果送 2 颗，这一数字变成了 14%！这就说明，人们往往更看重礼物的意义，而不是价格。薄荷糖本身不值多少钱，但 2 颗就是比 1 颗更让人觉得有诚意。这项研究提醒我们，昂贵的礼物固然有意义，但有意义的礼物不一定昂贵。

最值得关注的启示来自第三个实验。服务员先给客人送上账单和 1 颗薄荷糖，过一会儿再回来送上第 2 颗。同样是 2 颗薄荷糖，但送出的方式给人一种意想不到的感觉。结果，这次服务员收到的小费居然比不送糖提高了超过 20%！[5]

对于希望通过互惠法则来说服他人的人来说，这一点尤为重要。一方面,你得好好想想给予他人什么,说不定送一些看不见摸不着的东西比送实物的效果还好。另一方面,送的方式也很有讲究。用那种让人意想不到,还特别有诚意的方式送礼物,同样的东西在对方眼里就会变得更有价值,对方就更有可能想着回报你。

此外,还有一个因素似乎影响最大,那就是个性化。想象一下,你刚刚出差或者度假回来,看到门口一堆信件和广告,你会先看哪一封?毫无疑问,你会选择那封信封上手写有你的姓名和地址的信件。为什么呢?因为它经过了个性化处理,体现了独特的个人联系。

个性化能增强说服力。现代社会,人们做事都很功利,在这种环境下,哪怕只是稍微花点心思做一些个性化的事情,都可能带来不一样的效果。得克萨斯州的心理学家兰迪·加纳(Randy Garner)做过一个实验,他在调查问卷上贴一张手写的小纸条,结果完成问卷的人数直接翻了一倍[6]。这和你会优先打开手写收件人信息的信是一个道理。同样都是想吸引你注意的信息(或者是想让你付钱的账单),手写的那一份就是会让人眼前一亮,因为它是专门为你准备的。

当然,想要做到个性化,手写纸条并不是唯一的办法。罗伯特·B.西奥迪尼在《先发影响力》(*Pre-Suasion*)[7]这本书里讲过一个故事。阿卜杜勒·贾迈勒(Abu Jandal)以前是乌萨马·本·拉登(Osama bin Laden)的保镖,2001

年"9·11"恐怖袭击之后没多久,他在也门被抓捕并接受审讯。一开始,审讯人员怎么问都问不出有用的情报。后来他们发现,贾迈勒吃饭的时候,大部分食物都吃了,可餐盘里的饼干却从来不动。原来,贾迈勒有糖尿病,不能吃含糖的饼干。知道这个情况后,审讯人员就给他准备了无糖饼干。据一个情报人员说,就因为这个举动,贾迈勒的态度有了很大转变。

虽然没人能确定是不是仅仅因为这一件事,就让局面发生了变化,但可以肯定的是,这种针对个人特殊情况的个性化举动,很可能起了大作用。这就是互惠法则的厉害之处,它能让人产生一种想要回报的心理。而且,这个例子还说明了互惠法则的影响范围特别广,不管是在自己熟悉的圈子里,还是和不同背景的人打交道,它都能发挥作用,帮你和别人建立联系。

互惠会带来什么?感激、交换以及影响力

我们在社会上和别人打交道,很多时候是因为接受了别人的帮助,所以觉得自己也得帮回去。当你先主动给别人提供帮助或者资源,而且你的帮助让对方觉得很意外、很有意义,还特别符合他的需求,对方就会产生一种责任感,觉得自己也得为你做点什么。在这一社会义务的框架下,人们更倾向于表达对我们的感激之情,这引发了一个值得深思的问

题：当有人因我们提供的帮助而向我们致谢时，我们应该如何回应？

那些特别会说服别人的人，绝对不会说"我帮了你，因此你欠我一个人情"这种话。他们知道，要是这么说，对方以后肯定不会再找自己帮忙了。但他们也不太可能说"没事儿""别客气""别放在心上"这种话。因为他们明白，刚收到别人的感谢的时候，其实是说服对方的绝佳机会。由于人们通常会对刚刚感谢过的人表现出更高的认同感和配合意愿，因此，这一时机对于想要发展业务的主管来说可能是寻求会面的最佳时刻；对于理财顾问而言，此时则是提出转介请求的理想时机；而对于团队成员萨姆和杰克来说，这也是争取下一季度项目所需资源的关键节点；对于在哥伦比亚麦当劳快餐店的工作人员来说，也是询问那些看着孩子玩耍的家长要不要来杯咖啡的好契机。

职场上的互惠法则

- 别总想着"谁能来帮我"，多想想"我能帮谁"。主动帮助别人，以后在你有需要的时候，别人也更愿意帮你。
- 要是你有一个很重要的请求，别光发个邮件就了事，这样显得太敷衍。最好手写一封信，或者直接打个电话，让对方感受到你的诚意。

- 每次收到别人真心的感谢时，先别急着回应。想想怎么说才能既让对方下次愿意帮你，还让这份互相帮助的情谊传递下去。

法则 2：喜好法则

人们更愿意答应自己熟悉和喜欢的人

人们一般更倾向于赞同自己熟悉且喜欢的人。那到底是什么让我们喜欢上一个人呢？答案有很多，但"共同点"和"赞美"这两点特别突出。

我们大概都有过这种经历：刚认识一个人没多久，就莫名觉得和对方很投缘。这种亲近感常常源于一些共通之处，像是毕业于同一所学校、开同一款车、孩子差不多大、有共同的朋友，甚至名字听起来相似，这些都能拉近彼此的距离。

有一群心理学家做过这样一个实验，他们随机给一些陌生人发送调查问卷，结果发现其中一组人完成并寄回问卷的比例明显更高。和兰迪·加纳在问卷上贴个性化便签的做法不同，这次让这组人更配合的原因，是发问卷的人和收问卷的人的名字很相似。比如说，叫罗伯特·格里尔（Robert Greer）的人可能会收到来自鲍勃·格雷格（Bob Gregar）的问卷，辛西娅·约翰斯顿（Cynthia Johnston）可能会接到辛迪·约翰松（Cindy Johanson）发来的问卷。收到名字相似的人发来的问卷，大家完成并寄回的可能性差不多是其他人的两倍。有意思的是，后来问起这些参与者，竟然没人觉得是因为名字相似他们才愿意填问卷[8]。

和互惠法则一样，喜好法则也是人与人之间建立联系的重要纽带。所以，在需要先和别人拉近关系、搭好人脉，再去说服他们的情况下，这个法则特别有用。就拿谈判来说，在一次实验中，研究人员找了一些企业高管来做实验，让他们去谈一笔大生意。其中一半人被告知"时间就是金钱"，让他们别废话，赶紧进入谈判正题；而另一半人则被鼓励先花点时间和对方聊聊天，找找彼此的共同点，拉近一下关系。事实证明，后者这种社交投资太值了。"直接谈生意"那组，将近30%的人陷入了谈判僵局；而后者只有6%的谈判没谈成。更让人惊喜的是，对比所有谈判结果发现，那些先寻找共同点的人谈成的交易对双方都更有利，收益提高了整整18%。这就说明，在谈生意之前，先和同事、合作伙伴或者潜在客户找找共同话题，不仅能提高谈成的概率，还可能让你在合作中获得更大的利益[9]。

最有趣的是，这些实验都是在线上进行的。疫情之后，混合办公模式越来越普遍，很多时候我们都通过线上交流去影响别人。这个研究提醒我们，屏幕背后也是一个个真实的人，他们和我们一样，都渴望和他人建立联系。在施展影响力这件事上,要是为了图快、图省事忽略了这一点,那可就太傻了。

赞美

大多数人都爱听好话,但很少有人会深入思考,在收到赞美之后自己可能会变得多么容易受到影响。有研究发现,如果同事在找你帮忙之前,先夸你几句,你答应他的可能性就会大大增加[10]。更有意思的是,不管这个提出请求的人本身讨不讨喜,只要有了前面的赞美,人们往往都会更愿意帮忙。这表明,赞美的作用往往无需依赖双方事先存在的好感即可生效。

在生活中,这样的例子随处可见,大量研究已证实了赞美所带来的益处。如果服务员夸顾客会点菜,他们收到的小费就会更多;如果发型师夸顾客的新发型好看,也能多拿小费,哪怕这发型就是他做的。还有研究表明,就算人们心里清楚对方是在讨好自己,他们仍然会或多或少地受到赞美的影响[11]。

赞美之所以能让人产生好感,是因为它能够提供情感上的认可。马克·吐温(Mark Twain)说过:"一句赞美的话能让我活两个月。"他说得没错,别人的感激和赞美能让我们心情变好,还能提高我们的自信心。从某种意义上来说,赞美就像一份礼物,而按照人际交往的规则,收到礼物自然要有所回应。

不过，这可不是让你为了快点说服别人，就去溜须拍马、说些言不由衷的话。要记住很重要的一点：虚情假意可能暂时有点效果，但它会阻碍你和对方建立更真诚、更有意义的关系。要想真正打动别人，就得去发现对方身上真正值得称赞的地方。令人意外的是，当你不得不跟那些不太喜欢的人共事时，找到他们身上的优点并加以赞美往往能取得显著效果。这种"以礼服人"的策略之所以奏效，主要有两个原因。

第一，它能帮你和对方建立起联系，有了联系，才有进一步影响对方的可能。值得注意的是，我们不必局限于从个人层面去赞美他人，这一点对于那些我们认为难以相处的人尤为重要。事实上，这种策略同样适用于针对工作相关特质的赞美，例如对方对工作的投入、始终信守承诺等品质。

第二，当你去关注那些不太好相处的人的优点时，说不定还能发现他们的其他闪光点。这一点至关重要，因为虽然"喜好法则"告诉我们，人们更容易被自己喜欢的人说服，但实际上，人们更容易相信那些喜欢自己并且表达出来的人。

这就对很多销售人员都深信不疑的一条规则提出了异议：销售的首要规则是让客户喜欢你。虽说客户喜欢销售人员没什么坏处，但我觉得，如果销售人员真心喜欢自己的客户,效果可能更好。稍微琢磨一下就能明白,那些真心喜欢你的人,肯定更会为你着想。在这种情况下,你会放松警惕,放下戒备,也就更容易听得进对方的话,这样一来,对方想要影响你也就更容易了。

职场上的喜好法则

- 共同点和赞美能增进彼此的好感,而有了好感,说服别人就更轻松了。
- 我们倾向于对喜欢的人说"是",但更可能对那些明确表达喜欢我们的人说"是"。
- 发现共同点,并给予真诚的赞美,是一种强有力的影响力策略,即使针对那些目前我们可能不太喜欢的人也同样适用。

法则 3:团结法则

人们更愿意答应"自己人"的请求

新冠疫情就像一面镜子,照出了人性的善恶。往好的方面看,很多社区的邻里关系变得更紧密了,虽说可能是暂时的。大家和邻居聊天更频繁了,还会主动帮助那些弱势群体;医护人员们奋战在一线,得到了许多赞扬;人们还会加入各种群聊,分享新发现的散步好去处、面食的制作秘诀,以及哪家超市还有卫生纸的消息。

但也有不好的一面，就是社会出现了两极分化。很多人对政府的防疫政策不满，还有人不遵守规定，或者为了自己方便，对规则进行各种"灵活解读"，甚至制定规则的人也带头违反。

不管是好是坏，疫情让我们看到了影响人们行为和观念的一个关键因素：身份认同。"你是谁"会极大地影响你选择和哪些人站在一起，又和哪些人划清界限。这对我们怎么影响别人有着重要的启示。

那些擅长说服别人的人，好像天生就知道社会身份和随之而来的群体认同感有多重要。他们明白，很多时候，要想影响别人，起关键作用的不是道理讲得有多好，也不是能带来多少经济利益，而是这个提议是不是来自"自己人"。这就是团结法则。

团结法则和喜好法则可不一样。喜好法则讲的是单纯的相似性，而团结法则更侧重于人们给自己贴的标签，以及借此寻找同类的行为。这些标签包括种族、民族、国籍、政治立场、宗教信仰，当然还有家庭身份。要是同一个圈子里的人找你帮忙、给你提建议，你会更愿意答应，这并不是因为你喜欢对方（或者对方喜欢你），而是因为你们属于同一类人，这个身份会让你更倾向于支持对方。

兰卡斯特大学的社会心理学家马克·莱文（Mark Levine）

做过一个实验，他让球迷们在聊完对自己支持的球队的喜爱后，碰到一个需要帮助的人，比如一个受伤的跑步者。结果发现，如果这个跑步者穿的衣服颜色和球迷们支持的球队的队服颜色一样，球迷们就更愿意帮忙；要是颜色不一样，他们帮忙的可能性就小很多[12]。而且，这种效应可不只适用于球迷，在财务方面，人们也更愿意听从和自己政治立场一致的理财顾问的建议。美国还有研究表明，如果当前执政党是家长们支持的那一派，他们给孩子们打疫苗的意愿也会更高。

当然，按道理来说，大家可能觉得比起身份背景，一个人说的话有没有道理、能不能解决问题才是更重要的。但事实并非总是如此。我的两位同事——心理学家约瑟夫·马克斯和埃洛伊丝·科普兰，做过一系列研究，结果都很有意思[13]。

在研究中，参与者们会先互相交流一些信息（包括个人观点和政治立场），之后再玩一个简单的形状分类游戏，玩得好就能赢钱。玩着玩着，大家发现有两个玩家特别厉害，总能赢（这俩"高手"其实是研究人员安排的"托儿"）。其他玩家要是想多赢钱，只要跟着他们的做法玩就行。但问题来了，这两个"高手"在之前交流时表达的观点和其他玩家都不太一样。那其他玩家会怎么做呢？按道理说，大家应该放下分歧，先把钱赚到手再说。但实际情况是，2/3 的玩家没听"高手"的,而是跟着自己的感觉走,可他们的所谓感觉就和抛硬币差不多,根本说不准。这听起来挺荒谬的,但这就是人的本性。

马克斯和科普兰的研究给那些想在职场上提升影响力的人提了个醒,虽然这结论可能有点让人意外:在做决策的时候,比起一个人聪不聪明、懂不懂行,人们往往更看重对方和自己是不是"一路人"。

职业身份和地域的影响

当你提出一个想法,或者想让别人同意你的某个提议时,最好先强调一下你和对方之间真实的共同点。有两个共同点特别重要,即职业身份和所处地域。

有一招很聪明,就是强调你们真实共有的职业经历。别一上来就直接说你的想法,先花点时间,让你想说服的人注意到你们之间的共同之处,建立起实实在在的联系。比如说"咱们在这家公司一起干了 20 年,心里肯定都盼着公司能越来越好"。地域也非常关键,为什么呢?因为人们一般对住得离自己近的人更有好感,工作之余也更容易亲近。这就解释了为什么听说同镇的人都已经纳过税了,大家去交税的可能性就更高;为什么比起官方通知或政客宣传,同社区的投票动员会更有效果;为什么得知调查员和自己是大学校友后,人们就更愿意配合对方完成问卷。

接触频率和同步性

但要是双方本来就没什么共同点,又该怎么办呢?毕竟职场上千人千面,各不相同。这种情况下,如何构建统一性呢?研究表明,有两个关键因素尤为重要:一个是接触频率,另一个是同步性。

多和对方接触,增进彼此的了解,慢慢地就能建立信任,你的影响力自然也就提升了。所以想要说服别人,那就多在他们面前露露面。此外,同步性同样不容忽视。军队行军时步伐整齐划一,即便很少直接走向战场,这种一致性仍具有重要意义。通过协调步伐和节奏,士兵们形成一个高度团结的整体,就像一支配合默契的管弦乐队。同样地,善于说服的人会通过和他人共同开发项目或提案,而非自己一个人干,来实现类似的协同效应。比如说,与其让对方给自己的项目或计划提供意见或反馈,不如去请教对方,让他们提供专业建议。当我们寻求反馈时,往往容易收到批评性意见。然而,正如美国文学大师索尔·贝娄(Saul Bellow)所指出的那样,当我们寻求建议时,更有可能获得一位志同道合的合作伙伴。这是一件值得肯定的事情,因为合作伙伴更倾向于将自己视为与我们利益一致的共同体成员。

职场上的团结法则

- 在试图影响别人之前,先找找和对方在身份上的共同点，并予以强调。
- 要想营造团结的氛围，应积极寻找共同开发提案和想法的机会，而非自己一个人闷头单干。
- 多向别人征求建议，别光想着听反馈。

决策型影响力挑战

法则 4：权威法则

人们倾向于依赖专家来指引方向

1968 年，一个阳光灿烂的周末，心理学家安东尼·杜布（Anthony Doob）和艾伦·格罗斯（Alan Gross）开车在加利福尼亚州北部的帕洛阿尔托兜风，他们心里一直在琢磨一个问题：如果前面的车挡住路了，有多少司机会按喇叭呢？研究结果发现，加利福尼亚的司机普遍缺乏耐心，平均下来，每 10 个司机里，就有 7 个会因为前车挡路而按喇叭。不过这也分情况：如果前面是一辆又破又便宜的车，司机按喇叭的可能性就大；换作是一辆又靓又贵的车，按喇叭的就少多了。这么看来，司机按不按喇叭，还得看挡路的车是什么档次[14]。

这种现象不仅限于汽车，类似的效果也出现在服装上。有一项研究表明，如果一个人在过马路时穿着西装、提着公文包,跟着他闯红灯的人数是他穿牛仔裤和 T 恤时的三倍[15]。还有研究发现,在医疗中心,如果护士在给患者提建议的时候戴着听诊器,患者能记住的内容会更多[16]。

上述研究说明心理学家所称的"权威象征"具有强大的影响力。所谓"权威象征",就是一些能让人一眼就注意到的外在标志,看到这些标志,人们就会觉得这个人不简单,得多关注几分。不过要搞清楚,显示一个人有权力的标志和证明一个人是专家的标志可不一样。开豪车、穿高级西装,可能说明这人有点权力、地位,但这并不能说明他真的有本事、懂专业。要想在职场上提升自己的影响力,真才实学可比身份地位重要得多。有些人听你的话,可能只是因为你手里有权,能给他们好处或者可以惩罚他们。但如果大家觉得你是个实打实的专家,那他们就会因为你真有让人追随的实力而信服你。比如说,鲍勃·西奥迪尼做过一系列研究,发现理疗师在治疗室墙上挂上自己的文凭以后,其患者在家坚持锻炼计划的比例提高了超过 30%。豪华轿车和精致西装或许能表明某人"处于"权威地位,但证书和资质往往更能证明某人是一位真正的权威人士[17]。

权威发挥作用的时机

人在碰到拿不准的事儿,或者不知道下一步该怎么做、心里没底的时候,往往就会去找那些懂行的人问问,这太正常不过了，毕竟谁也不是全知全能的。在这个复杂的世界里，遇到不明白的就去找专业人士帮忙，既高效又省心。也正是在这些迷茫的时刻，那些公认的权威人士就显得格外重要。这也是社会分工的重要意义所在——一些人成了水管工和机械师，而另一些人则成了医生和会计师。但话说回来，同样是权威，凭什么别人有问题就找你，而不是找其他人呢？有两个因素很关键：一个是专业程度，另一个是信任感。

专业的权威

还记得第四章讲过的我和同事与一群伦敦房产中介一起做的那个研究吗？他们之所以能够成功增加预约数量并签订更多合同，关键在于他们在向潜在客户推销之前，就提前介绍了他们的经验和资质。这表明，恰当的介绍是非常重要的。因此，在你展示或提出方案之前，请确保你的可信度和专业能力能够以一种自然且友好的方式呈现给对方。这一点同样适用于书面提案。将团队成员的简介放在提案或投标文件的最后几页并不是最佳选择，建议将其放在前面。原因很简单：在传递信息之前建立可信度，往往比事后补充更加有效。

但如果是一对一交流，没人帮你做介绍，还得让对方知道你很专业，又该怎么办呢？有一个办法，就是提前通过邮件或者短信介绍一下自己。发一封欢迎邮件，附上会议议程，再用两句话简单说说自己的专业能力和经验，这事儿就成了。线上会议也有办法,在视频通话的时候,记得在屏幕下方显示你名字的地方加上自己的正式头衔或者资质。有一家金融公司就发现,在员工名字旁边加上专业认证标识(如CFP、APFS 等)之后,后续找他们预约咨询的人变多了,客户推荐也增加了。这很好理解,比起普普通通的"鲍勃",大家把钱交给拥有注册理财规划师资质的罗伯特·克兰斯顿,心里肯定更踏实。

值得信任的权威

就算你资历再老、经验再丰富,如果别人觉得你这人不靠谱、不值得信任,那你还是很难说服别人。前面也提到过,信任需要长时间的接触才能逐渐建立起来。可要是没有几个月甚至几年的时间,就只有几分钟,该如何建立信任呢?

虽然不容易,但也不是完全没办法。有两个小窍门。第一,用第四章提到的双向论证法,在介绍自己的方案时,既讲好处,也不避讳缺点,实实在在地把情况摆出来。第二,在进行双向论证的时候,注意一下顺序,先讲缺点,再讲优点。

这可能跟大家平时想的不太一样,但仔细琢磨琢磨就会发现这里面的门道。不管什么方案,肯定都有优点和缺点。很多人在介绍方案的时候都会掉进一个坑里,一上来就把好处、亮点说得天花乱坠，缺点和问题要么放在最后一带而过，要么干脆不说。但要是你能早点把方案的不足告诉别人，别人反而会觉得你这人挺实在、值得信任。等建立起这种信任感之后，再去说方案的优点，别人就更容易接受了。

这种语言技巧在很多地方都能见到。律师在打官司的时候，经常会在对手之前主动说出自己这方的薄弱点；如果一个政客夸赞了他的对手，两党选民都会觉得他这人还挺讲道理；还有一些广告会主动提到产品的不足，结果产品销量反而会上升。就像李施德林漱口水，味道一直被人吐槽，人家就直接拿这当卖点，喊出"你讨厌的味道，一天尝两次"的广告语，成功打开了市场。

用这种先讲缺点再讲优点的策略，还有一个关键的地方得注意，就是怎么从缺点过渡到优点。这时候，"但是"（but）这个词，还有更正式一点的"然而"（however），就派上用场了。要是你被领导表扬了，正开心呢，结果领导来了句"但是"，你肯定立马就知道，后面没好事儿。这个词就好像在说："前面那些表扬你都别当真，现在，好好听我接下来要说的。"

那些特别有说服力的人，除了注意过渡，还会想想先讲哪个缺点合适。记住，肯定得挑小毛病说。17世纪的法国有一个道德学家叫弗朗索瓦·德·拉罗什富科（François de La Rochefoucauld），他说过："我们承认自己的小毛病，就是为了让别人觉得我们没有大问题。"[18] 如果方案本身存在重大问题，与其费心思说服别人接受，还不如先把问题解决了。但要是有一些小缺点能拿出来说，研究发现，当你讲的缺点和优点之间有明显关联的时候，这种双向论证的说服力最强。这就意味着，要是你主要想让别人觉得你这个人靠谱，那讲什么样的小缺点可能没那么重要；但要是你想让别人相信你的方案值得一试，那在说出问题之后，紧接着就得给出让人信服的解决办法或者弥补措施。

职场上的权威法则

- 不管什么时候、什么场合，在提出想法或方案之前，先把自己的能力和资历亮出来，让别人知道你是值得信赖的。
- 用双向论证的方法，先把自己方案的缺点和问题讲清楚，这样更容易赢得别人的信任。
- 从缺点过渡到优点的时候，别忘了用上"但是""然而"这些词。

法则 5：社会认同法则

从众心理

在纽约上东区的"奇缘 3 号"（Serendipity 3）餐厅，有一款"黄金奢华圣代"。这款圣代用料极为考究,有三大勺马达加斯加香草冰淇淋,还加了委内瑞拉黑巧的碎块、巴黎蜜饯水果、松露和杏仁糖樱桃,最后再淋上阿玛尼亚克酒,撒上可食用金箔。去吃这款圣代的人,不仅得有个好胃口,钱包也得够鼓,毕竟它售价高达1000美元一份,绝对是世界上最贵的甜点之一。

这种超级奢华的甜点向来很吸睛,那些有钱又爱显摆的顾客会不断下单。可普通餐厅的老板就没这么轻松了,想让顾客在饭后点份焦糖布丁或者苹果派都不容易。不过,有一种简单有效的推销方法能帮到他们,不用搞那些花里胡哨的噱头,也不用定高价,就能提高甜点的销量。只要餐厅老板在最受欢迎的甜点旁边,实实在在地写上"本店最受欢迎的甜点"就行。

许多研究表明,这样一个简单的标注,通常能让甜点销量提高18%左右。在一项针对南美洲的麦当劳餐厅的研究中,效果更惊人。在菜单板上特别指出最受欢迎的甜点是麦旋风之后,它的销量直接涨了55%[19]。这背后的原理就是极具说服力的社会认同法则——指人们在做选择的时候,经常会参考和自己差不多的人的做法,觉得大家都这么做,那肯定错不了。

社会认同的影响力可不止体现在推销甜点上。用类似的方法,还能鼓励人们多吃健康食物,比如水果和蔬菜。一项研究发现，荷兰的小学生听说同学们都爱吃水果之后，他们的水果摄入量增加了35%。只不过，小孩子都有点叛逆，他们嘴上并不承认是受了同学的影响才爱上吃水果的[20]。

别人能做，我也能做

为什么别人的行为对我们的影响这么大呢？这背后有好几个原因。其中一个重要因素就是我们都想做对的事情，这是人类的基本动机，在第二章里也提到过。看到别人都在做某件事，我们就会觉得，这样做大概率是正确的选择。就好比看到几百人一边喊着"着火了"一边从大楼里跑出来，你肯定也会跟着跑，觉得这才是对的；如果一家餐厅门口排着长队，那大家就会觉得这家餐厅肯定不错。还有一个原因，就是我们都有社交需求。跟着大家一起做某件事，能让我们融入群体，找到归属感。有了这种归属感，说不定还能认识新朋友，在有些情况下，甚至还能得到一些保护。

除了能让我们觉得自己的选择更靠谱，还能满足社交需求之外，社会认同信息还透露出一个重要信号：这事儿我们也能做到。如果和我们差不多的人都能做某件事，那就说明我们没理由做不到。大部分同事都能按时考勤、报销，那我肯定也可以；隔壁邻居家能做到节约用水、节约用电，那我们家肯定也行。这可不是我瞎编的，过去十多年，有好多研究都用节能降耗来验证社会认同的效果。结果发现，当住户得知和自己情况差不多的邻居已经在节能了,他们自己也会跟着减少能源消耗[21]。这种办法不仅效果好,成本也比其他节能措施低多了。因为大家知道别人都能做到,对自己能否做到的疑虑就少了,像电费账单一样,一下子就"降下来"了。

大家都在做

现在,用"这款产品很受欢迎"来打广告的做法特别常见。不管是政府宣传政策,还是商业推广产品,都喜欢用社会认同这一招。要是听说和自己情况差不多的人都纳了税,那大家也更愿意去交税;挑选宽带套餐的时候,人们会倾向于选"最受欢迎"的那一款;在飞机上,要是看到旁边的几个人都买了咖啡,其他人也很可能跟着买一杯[22]。

乍一看,社会认同这个法则好像非常有效,在任何需要说服别人的场合都能派上用场。但我得提醒大家,这招可不是万能的,在有些情况下,它的效果会大打折扣,甚至可能一点用都没有。

比如说,当人们心里已经有了自己的主意时,社会认同就不太管用了。在南美洲,有些麦当劳餐厅的经理看到社会认同的宣传让甜点销量大增,就想着在汉堡的宣传上也试试这招。结果过了几周,他们发邮件来吐槽这招对汉堡销量根本没效果,这也印证了我们之前的担心。为什么会这样呢？因为大部分顾客在去麦当劳之前，心里就已经想好要吃哪种汉堡了，别人点什么对他们来说没有参考价值[23]。一般来说，人只有在拿不定主意的时候，才会特别关注别人的选择。和权威法则一样，社会认同法则在说服那些还在犹豫，或者对一些可买可不买的东西做决策的人时，效果才最好，就像说服别人点甜点的时候。

除此之外，隔着电子屏幕传递的社会认同信息，效果一般也不太好。有一项研究想招人参加市场调研，就广发邮件邀请，还注明参与者有机会赢得250英镑。邮件里用了各种话术，像"请帮帮别人"这种打感情牌的，"别错过这个机会"这种制造紧迫感的，还有"好多人都参加了"这种利用社会认同的。结果发现，只有"别错过这个机会"这句话有点效果，其他的都没什么用。还有一个线上研究，想说服人们注册成为器官捐赠者，结果发现说"好多人都登记了"，还不如直接说"每天有3个人因为器官捐献者不足而死亡"管用[24]。

我不是说社会认同法则在网络上就一定不管用。不过我想，像这种依靠人与人之间联系的信息，还是要通过写信或者面对面交流这种有人情味的方式来传递，这会比冷冰冰的电子邮件更有效果。

还有就是，绝对不要用社会认同法则来宣传那些需要改正的不良行为，否则只会适得其反。比如说，某个经理因为同事们开会总迟到而头疼不已。那些迟到的人不仅浪费了大家最宝贵的时间，还降低了会议效率，让后面的会议也跟着受影响。这时候，经理可能会忍不住抱怨："每次开会都要延迟，大家好像都不把别人的时间当回事儿啊。"这很好理解，他是想通过强调会议总被延迟这件事，让大家意识到迟到这个问题，有则改之，无则加勉。但如果他真说了这句话，以后迟到的情况可能更严重。为什么呢？因为经理的这句话里，暗含了一个可以让大家更加理所当然地迟到的信息："会议从来不会准时开始。"

公司里经常会强调各种不良行为，比如有多少同事不按时交考勤表、没完成年度调查，或者占用访客停车位等。但是这样做不但不能减少这些不良行为的发生，反而会使效仿者越来越多。

职场之外也是如此。总是强调有多少人在开车时玩手机、偷税漏税、乱扔垃圾、偷东西，这可不是利用社会认同法则的正确方式。这就好像在告诉大家"你看，这么多人都这么干"，很可能会带来反效果。就拿乱扔垃圾来说，那些垃圾多的地方，往往会吸引更多垃圾。

所以，最好别用那些可能会让不良行为变得更普遍的社会认同信息。相反，应该多宣传那些好的行为，让大家知道正常情况下大家都是怎么做的。在英国，国民医疗服务体系一直有一个问题：好多人预约了看病却不去，也不提前取消,造成了资源和金钱的浪费。为了解决这个问题,有些管理人员选择公布上个月爽约的患者人数,想以此提醒大家。但我们研究发现,这么做不但没有减少爽约的次数,反而让更多人跟着爽约。因为其他人知道好多人都爽约以后,就会觉得自己不去也没什么大不了的,反正"大家都这样"。还有一个原因,这些信息是在候诊区的墙上贴告示传达的,能看到的只有那些按时来就诊的患者。这就相当于这么做不仅传达的信息不对,还搞错了受众。后来,国民医疗服务体系把提示信息改成"大多数患者都能按时就诊",还提醒患者如果去不了,记得提前 24 小时打电话取消。这样一来,爽约的情况就少了很多[25]。

职场上的社会认同法则

- 别总想着靠自己去说服别人,要学会利用"大家都这么做"的信号,还有别人的真实反馈,让大家看到其他人实际上都在做什么。
- 你用来举例的社会认同案例得和你想说服的人的情况差不多。比如,若想说服一个小企业主,就要用其他小企业主的例子。
- 多宣传好的行为,别提那些不好的,不然很容易适得其反。

行动型影响力挑战

法则 6：信守承诺法则

人一旦做出承诺，就会因为个人内心和人际方面的压力，努力让自己的行为与承诺保持一致

20 世纪 80 年代，我和很多孩子一样，特别喜欢参加早餐麦片制造商举办的竞赛。那些竞赛的奖品五花八门，有越野自行车、露营装备，还有《流行之巅》（*Smash Hits*）杂志一年的订阅权。但不管奖品怎么变，比赛套路基本都差不多。

首先，孩子们需要完成一项任务，一般是画画、写故事，或者回答几个简单的问题。我还记得有一次，要求是在特别的地方拍一张吃麦片的照片。当时我和姐姐就想端着一碗麦片，跟着妈妈去教堂拍照，结果她怎么都不同意。接下来，参赛者要剪下产品包装上的代币，和作品一并寄过去，包装越大，代币越多——其实就是为了让大家多买点麦片。最后是决胜环节，要用不超过 10 个字写下喜欢这种麦片的理由。

小时候，我特别认真地琢磨这几个字该怎么写，还天真地以为要是我赢了，我的回答就会被用作品牌的下一句广告语呢。现在回头看，才明白这些竞赛简直就是运用影响力和说服力的经典案例，不仅让成千上万个孩子缠着家长买麦片,还让孩子们认真思考并写下喜欢产品的原因寄给制造商,就为了那几乎不可能到手的奖品。从影响力策略的角度来看,这一招真的太妙了。

早餐麦片竞赛策略的精妙之处,就在于利用了信守承诺法则。人一旦做出承诺,尤其是那种需要自己费点功夫、主动许下的承诺,心里就会产生一种压力,觉得自己得说到做到。与此同时,人们在和别人相处的时候也想保持言行一致。我们这么做,可不只是为了那点麦片。言行一致能让我们感觉自己是个靠谱的人,满足了内心的自我认同需求。而且,在大家眼里,信守承诺的人更可靠,这种品质在工作和生活中都非常重要。

信守承诺法则是说服别人的一把利器,其关键在于要从小事入手,先让对方做出一些小小的承诺。曾经有研究人员假扮成交通安全宣传员,挨家挨户询问是否愿意在自家门前放一个"小心驾驶"的大牌子,大部分人都拒绝了。但有一个地区却很不一样,那里的很多住户都同意了这个请求。一开始,研究人员还以为是因为这个社区有很多有小孩的家庭,为了让孩子能在马路上安全玩耍、骑车,所以他们更愿意支持道路安全倡议;或者是因为最近发生了交通事故,大家才更重视道路安全。但其实都不是。真正的原因是一周前,有工作人员到这些住户家里,问他们愿不愿意在车窗上贴一张明信片来支持道路安全宣传活动。这个小小的、自愿参加的举动就是一个初步承诺。所以后来当研究人员再来，希望他们通过在门口放一块大牌子来进一步支持活动时，很多住户都答应了，因为这个大请求和之前贴明信片的小承诺是一致的。

从小事做起，逐步推进

2012 年，我和鲁珀特·邓巴-里斯（Rupert Dunbar-Rees）、苏拉吉·巴西（Suraj Bassi）两位医生一起做了一项研究，想减少医疗中心和诊所里预约过却没就诊的患者数量[26]。一开始，我们让接待员提醒患者复述预约的时间和日期，这个简单的口头承诺虽然效果不算明显，但也让爽约率降低了3%。不过，就像前面提到的早餐麦片竞赛和道路安全宣传的例子一样，当我们让患者不只是口头确认，而是主动做点什么，并且需要他们付出一点努力的时候，效果就大不一样了。我们发现接待员经常会把预约信息写在提醒卡上交给患者，于是建议接待员把空白卡片给患者，让他们自己填写预约时间和日期。这样一来，爽约率下降了 18%。

新冠疫情期间，很多人居家办公，线上会议成为常态，类似的爽约问题又出现了。很多公司采用网络研讨会的形式来进行销售和社交活动，但它们很快发现，注册报名的人数与实际参加的人数相差甚远。有些公司甚至表示，注册人员的爽约率高达 75%。对于这种情况，除了依靠公司的口碑和演讲嘉宾的名气来提高出席率，还可以利用一下信守承诺法则。一家金融机构发现，只要在意向参会人员注册时，要求他们提交一个希望嘉宾解答的问题，爽约的人数就会降低将近一半。

想说服别人接受你的提议，并且信守承诺坚持下去，有几点很重要。首先，要让别人参与进来。有时候我们会忍不住自己把事情都做了，觉得这样能保证事情顺利完成。但这么做的话，可能我们自己比那些我们想影响的人对这个想法还要上心。在推动一件事的过程中，一开始就让别人做出一些小的、自愿的、还得下点功夫才能做到的承诺非常重要，因为这样能让大家自然而然地想要保持言行一致。

还有一点也很重要，就是最好能公开做出的承诺。曾经有一项研究询问住户是否愿意减少家里的能源消耗，还给他们一份节能小贴士，但这种口头建议并没有什么效果。然后研究人员换了一种方式，询问另一组住户同样的问题，给出同样的建议，不过这次在他们承诺后，研究人员会把同意节能的住户名字公布在公益节能家庭名单上。这一招效果立竿见影，好多家庭都开始节能了[27]。

所以，要想让别人的承诺变成实际行动，要考虑到这三点：第一，这个承诺是对方自愿许下的吗？第二，对方现在是否做了点什么以实现这个承诺？第三，也是最重要的一点，还有其他人知道这个承诺吗？

我不敢打包票说，只要你想说服的人公开承诺了要行动起来，他们就真的会坚持到底，但如果对方连这样的承诺都没有做出，你就更难说服他了。

职场上的信守承诺法则

- 人都想维护自己的形象，也希望在社交中保持良好的身份认同，所以一旦做出承诺，他们就会努力去兑现，还会践行自己说过的话。
- 如果你提出的建议和对方之前说过的话或者认可的价值观一致，就更容易被接受。
- 擅长说服的人会想办法让对方先主动许下一些微小但需要付出的承诺，而且尽量让这些承诺公开。

法则 7：稀缺法则

人们总是渴望拥有那些难以得到的东西

要想知道一场英国王室婚礼有多火有很多办法，在线和电视的收视率、提前好几天就在游行路线两旁排队占座的观众人数，还有王室纪念品的销量，都是很好的衡量指标。从纪念品销量来看，2005 年 4 月，威尔士王子（也就是现在的国王查尔斯三世）和卡米拉·帕克·鲍尔斯（Camilla Parker Bowles）的婚礼并没有受到所有人的热捧。伦敦市中心和温莎小镇的商店都说，与婚礼相关的茶巾、咖啡杯等纪念品卖得并不好。

但是，在婚礼前几天，情况突然发生了变化，越来越多的人开始抢购王室纪念品。是因为大家突然对这对新人好感大增吗？有可能。但更有可能是因为，教皇约翰·保罗二世（Pope John Paul II）一周前去世了，为了让当时的威尔士王子能代表女王出席葬礼，白金汉宫宣布婚礼推迟一天。这下，之前那些纪念品上的日期都印错了。

一些人敏锐地察觉到了商机，开始大量收购这些日期有误的纪念品。当时有不少记者在温莎报道这场王室婚礼，他们问那些提着大包小包的纪念品从商店出来的人，是不是王室的"忠实粉丝"，大多数人都摇头否认。他们买这些纪念品和这场婚礼本身其实没多大关系，只是觉得这些错版纪念品以后会很稀有，肯定能升值。

物以稀为贵

大多数人都逃不过"物以稀为贵"这个心理，东西越难得到，人们就越想要。当听说某个东西所剩无几、供不应求，或者某个机会过了这村就没这店了，我们对它的渴望就会直线上升，甚至愿意多花点钱把它拿下。当年火遍一时的豆豆娃、球星卡、爱马仕铂金包，还有一些新款智能手机，都是很好的例子。

有意思的是，有些东西是否真的稀缺并不重要，重要的是，只要让人觉得它稀缺，就能让它产生很大的吸引力。新冠疫情期间，刚开始封锁的时候，有传言说超市里的意大利面、洗手液、卫生纸这些日用品供应不足，大家一听，都担心买不到，于是疯狂抢购，结果买到家的根本用不完。其实很多时候，东西本身的库存并不少，就是这些传言引发的抢购潮才造成了真正的短缺。卫生纸就是个典型例子，它体积大，货架上要是空了，看起来特别显眼。购物者一看到卫生纸货架上空空荡荡的，心里就慌了，觉得好像要出大事儿，于是开始大量囤其他生活用品，结果进一步加剧了大家对物资稀缺的恐慌。

一件东西越稀缺我们就越想得到它这种情况，背后有许多原因。第五章提到过的人们对丧失的厌恶心理就是其中一个重要因素。"可能会损失什么"这种说法往往比"能得到什么"更有说服力。金融业有句行话特别有意思，也很能说明问题："凌晨4点给客户打电话，说现在行动能赚两万英镑，客户可能直接把你拉黑；但要是凌晨4点给客户打电话，说现在不行动会损失两万英镑，你将得到一个终生客户。"你看，两种说法里的客户和金额都没变，只是一个强调收益，一个强调损失，效果却相差十万八千里。

还有一个原因，就是人都不喜欢自己的自由被限制，所以一遇到稀缺的东西就容易心动。我们都还记得十几岁的时候，偷偷去酒吧喝酒时，心里又紧张又兴奋。等到成年之后，就很难再有那种感觉了。这就是为什么很多厂商喜欢推出限量版、特别版的产品，他们知道这种独特性和稀缺性对消费者有多大的吸引力。超市也懂得这个道理，所以有时候会对某样商品进行限购。其实他们心里清楚，大多数顾客平时就买一件，但这么一限制，销量反而会增加。

对于那些想要影响他人的人来说，这其中的道理很明显。如果你的提案或者想法有什么独特之处，一定要着重向对方强调。比如，想要提高同事参与工作项目的积极性，就可以跟他们说"咱们难得有机会碰到这么好的项目"。如果要在宣传限时优惠（"周五促销就结束啦"）或者限量供应（"只剩10件，先到先得"）中选一个，我会建议你强调限量，效果可能会更好。

除了产品本身，把某些信息包装成稀缺资源也能有不小的影响力。在一项研究中，研究人员告诉牛肉批发商，天气原因可能导致澳大利亚牛肉短缺，批发商们一听，订单量直接翻了一倍多。后来，研究人员又透露这个消息是内部独家消息，别人都不知道，这下批发商们的订单量直接增加到原来的6倍。不仅牛肉供应稀缺，连这个消息都变得很稀缺[28]。而且关键是，这消息还是真的。所以，如果你掌握了新的独家信息可以分享，就赶紧告诉那些可能用到这条消息的人吧，绝对物超所值。

职场上的稀缺法则

- 机会越是难得,人们就越觉得它珍贵。
- 如果你的提案里有真正稀有的东西,或者有独家信息,一定要重点突出。
- 比起限时优惠,限量供应的说法更能打动人心,说服力也更强。

第八章
影响力的实践应用

在我研究影响力和说服心理学的这20多年里,有成百上千的人来找我,想知道怎么才能更容易说服别人答应自己的请求。他们的提问五花八门,不过问得最多的归根结底就一句话:

"我做哪一件事,能马上让自己更有说服力?"

这个问题的正确答案,很多人都不爱听。因为这世上根本没有"一招鲜吃遍天"的说服方法。就像影响力公式所表示的,影响和说服别人是一个复杂且多变的过程,要把事实、利益和人的情感恰到好处地结合起来,同时还得考虑当时的环境和具体情况。每当我解释到这里的时候,有些人就开始走神了。现在,人们都喜欢简单直接,普及这种抽象的概念不太现实。大家真正想要的是那种能立刻上手的小窍门。所以,我就给了他们一个答案:"要想提高说服力,最好的办法就是在提要求的时候,多带点人情味。"

让我没想到的是,好多人对这个答案还挺满意。有些人听完、谢过我就走了,估计又去琢磨别的窍门去了,好让自己在忙碌的生活里能够更加应对自如。但也不是所有人都买账。有些人就看出"做哪一件事"这个问题的毛病了，知道找一个万能答案不切实际，而且这种答案往往也没什么用。所以这些人一般会问得更具体一些。

在本章中，我将针对其中 10 个最为普遍的问题进行探讨与解答。因此，你可以将本章视为一种以书面形式呈现的问答环节（或类似情感咨询专栏），旨在为读者提供一些实用且可操作的建议，以应对我们在日常生活中可能面临的、常见的影响力挑战。

1. 我在工作中需要给客户报价、写提案，还得跟他们谈判。每次讨论价格的时候，我和团队都拿不准，是应该先报价，还是等对方先出价？

这件事没有标准答案，但有一些经验可以参考。我听一个做生意的人说过，谈判刚开始的那几分钟，就跟拳击比赛开场似的。大家都小心翼翼的，不太愿意先出手（也就是先报价），就怕这么做会让自己在谈判里吃亏。但根据与说服有关的科学理论，与其等对手先报价，不如你自己先开口。一般来说，不管你是买家还是卖家，这个方法都挺管用。

有研究人员做过一系列谈判模拟实验，在模拟工厂出售的谈判里，如果卖家先报价，最终的平均成交价能达到2480万美元。可要是等买家先出价，平均售价就只有1970万美元了。这主要是"锚定效应"（Anchoring Effect）在起作用，它会不知不觉影响后面的谈判。最开始给出的价格，哪怕是随便说的，也会让大家不自觉地围绕这个价格来谈，很难再改变。比如说，一项研究让人们估计一瓶葡萄酒的价格。在报价之前，他们得从一个袋子里摸球，袋子里有一半球上面写着90，另一半写着10。摸到写着90的球的人，对葡萄酒的估价就高很多[1]。这就提醒我们，虽然心里知道不应该受第一个报价的影响，但实际上，我们很难不被它牵着走。

那要是对方先报价了怎么办呢？给你个建议，在谈判之前，把你报价的理由一条条写下来。等你听到对方的报价，心里开始犯嘀咕的时候，看看这份材料，能帮你坚定自己的想法。

2. 谈判还有别的小窍门吗？

有两个。第一个窍门与精确程度有关。哥伦比亚商学院的玛利亚·梅森（Malia Mason）教授研究发现，想让谈判结果更好，报价的时候最好别四舍五入。人们看到精确的数字，会觉得这个数是有依据的，不太会去质疑。而且在还价的时候，也不会太狠。

梅森教授做过一个实验，她找了一些想买二手车的人，给他们看三个不同的标价：2000英镑、1865英镑和2135英镑，然后让他们给出自己的报价。结果发现，看到精确标价的人给出的还价平均比标价低10%。但看到四舍五入标价的人给出的还价平均比标价低23%。就算精确标价的数字比四舍五入后的标价低，最后成交的价格反而更高²。所以，要是你想卖你家那辆福特车，标价1927英镑可能比直接标2000英镑更划算。要是你正打算买辆二手车，遇到卖家标价特别精确，可得多留个心眼儿。

第二个窍门与谈判地点有关。喜欢看体育比赛的人都知道，一般来说，主场作战的球队比客场的更有优势。《组织行为与人类决策过程》（*Organizational Behavior and Human Decision Processes*）杂志上发表过一系列研究，发现商业谈判也是这个道理³。研究人员找了一些人来模拟商业谈判，让他们扮演买家和供应商，围绕合同价格讨价还价。在谈判前，研究人员会给其中一方"主场"优势，比如在谈判的房间里显眼地展示他的名字和公司标志，让他能选自己喜欢的椅子坐，还能在白板上写下公司的相关信息，甚至给他办公室的钥匙。而另一方就只能在外面等着，等"主场"方准备好了才能进去谈判。

就像体育比赛一样，有"主场"优势的谈判者更容易谈成好买卖，不管他们是买家还是卖家。研究人员说，谈判地点很重要，熟悉的环境能让人更自信，在不熟悉的地方谈判，人就容易没底气。所以下次你要谈判的时候，把对方约到自己的地盘上，说不定能谈得更顺利。看来，人在不同的地方，状态真的不一样。

3. 我在工作中遇到一个特别讨厌的人，不仅爱抬杠，还当面一套背后一套。只要不是他的主意，就各种贬低。可是领导还挺看重他，他说话很有分量。我实在不想跟他打交道，可又没办法，怎么才能跟他处好工作关系呢？

我记得有次出去聚会，饭桌上有个人大半个晚上都在吐槽他的一个同事，说那人又讨厌、又固执，还特别不配合。他还说了不少难听的话，这儿就不方便写出来了。说实话，他可能也喝了点儿酒，越说越上头。有人随口问了句，这人总该有个优点吧，结果又惹得他一顿数落。

这种感受大家肯定都懂。很多人都遇到过不想一起工作，却又不得不合作的人。就算你在背后把他说得一文不值，可第二天还得想办法跟他合作完成工作，这才是最头疼的。

研究说服的专家们发现了一个办法，虽然有点反直觉，但还挺有用。就是去找找这个你讨厌的人身上有没有什么值得肯定的地方，然后告诉他。我知道这说起来容易做起来难，大多数人都更擅长找理由支持自己的想法，而不是否定自己。但既然没办法选同事，那不妨试试这个两步走的办法。

第一步，要知道，不管你心里怎么想，或者别人怎么说，每个人都至少有一个优点。肯定有人欣赏他。你要做的就是把这个优点找出来，这里说的优点不一定非得是他的个人品质，也可以是他的工作方法、之前做项目的成绩，或者他对工作的认真态度，等等。第二步，找到优点之后，得想办法告诉他。注意要挑个合适的时机，最好是私下说。要是你实在张不开嘴，也可以找个与你们俩都相熟的人，让他帮忙传达。

如果你真心实意地这么做，说不定还会有意外收获。当你关注他身上的优点时，可能会发现自己对他的态度没那么差了，说不定他对你的态度也会变好呢。

4. 我最近获得了晋升，下属向我汇报工作。马上要绩效评估了，一想到可能要给他们提负面反馈，或者传达不好的消息，我就发愁。有没有什么好办法？

不管是在工作还是在生活中，都少不了要给别人反馈，有好的也有坏的。等待结果的过程总是让人煎熬。一会儿满怀希望，一会儿又担惊受怕；一会儿开心得不行，一会儿又失望透顶。我们总是等着看自己能不能升职、能不能拿下新客户，或者能不能入选大家都抢着参加的新项目。这对传达消息的人来说不好受，尤其是要讲坏消息的时候。哪怕这事儿跟你一点关系都没有，你只是个传话筒，也难免会被牵连。

经典的管理教材提倡采用一个三步法。第一步，先跟对方讲讲做这个决定的依据，让他对坏消息有个心理准备。第二步，直接给出反馈。第三步是"安抚"，就是说点"没你想的那么糟"之类的话，安慰安慰对方，顺便多强调一下积极的方面。

但我觉得这个"先好后坏"的办法不一定有用，主要是因为，消息的接收者和传达者想法不太一样。要是问"你想先听好消息还是坏消息"，大部分接收者都想先听坏消息。可能他们觉得，坏消息听完了，后面的谈话就能轻松点、积极点。但传达坏消息的人想法正好相反，他们觉得先讲点好的，能让自己更受欢迎，后面再说坏消息的时候，也能少惹点麻烦。

明眼人都能看出来，这种把负面反馈夹在两段正面反馈中间说的"三明治"式反馈方法，最大的受益者其实是传达负面反馈的人。所以我建议你先想清楚自己想要什么结果。要是你主要是怕对方听了不高兴，那就先讲坏消息。但要是你作为领导，给负面反馈是为了让对方做出改变，那最好把坏消息留在最后说。不过要记得，说坏消息的时候，一定要给出具体可行的改进办法。

5. 现在远程办公和混合办公都很常见了。我经常要通过屏幕跟别人沟通，没办法面对面交流，怎么才能更有影响力呢？

我和我的团队经常被问到这个问题。确实，没办法跟人握手、进行眼神交流，也不能像面对面那样轻松地社交，怎么才能让别人听你的呢？现在混合办公都成常态了，这个问题很现实。不管你是想拿下潜在客户、跟领导谈加薪，还是拓展人脉，隔着屏幕都更难办。但也不是没办法，记住下面这几点就行。

摄像头礼仪很重要。疫情期间大家都开始上网课，我们学校有人想得特别周到，发了一些眼睛形状的贴纸，让我们贴在摄像头上面。这么做能让你更自然地直视摄像头，毕竟屏幕上全是小窗口，盯着看久了还挺累的。

还要注意音量。好多人在线上发言或者打电话的时候，声音都会不自觉地变大。疫情期间有研究发现，人们在Zoom、Teams这些软件上说话时，音量平均比面对面交流的时候高15%[4]。但是线上交流又没办法像面对面那样随时调整音量。所以，保险起见，建议你一开始把麦克风音量调小一点，要是别人听不清，他们会让你大声点的；要是一开始声音就太大,可就不太好了。

　　线上交流还有一个问题,就是没办法让对方知道你在认真听,可是倾听对提升影响力而言又特别重要。要知道,那些服务员如果能一字不差地重复顾客点的菜,他们收到的小费可能会多70%。[5]为什么呢?因为这样会让顾客觉得服务员理解了自己的想法,二人的关系更紧密了。这个办法在网上也有用。研究发现,在视频通话刚开始的时候,模仿对方说话的用词和语气,效果特别好,但到快结束的时候就没那么明显了。所以,在刚开始聊天的时候,你可以把对方说的关键词记下来,后面聊天的时候,找机会把这些词用起来,这样能让你们的交流更有效果。

　　最后,别太自我了。咱们在视频聊天的时候,可能在同时处理别的事情——写邮件、网购,或者教训孩子,却仍然相信屏幕那头的人正全神贯注地看着自己。其实人家大概率也在干别的事。所以要学会换位思考。要是你想让别人认真听你说话,那你得先认真听对方说。还有,虽然邮件和视频很方便,但总感觉少了点人情味。所以别总隔着屏幕打字了,放下键盘,去办公室见个面,效果可能更好。

　　6. 我是个项目经理,经常发愁怎么才能让大家按时完成任务。项目进度总是滞后,有时候甚至直接停滞了,我只能不停地催大家。我知道这么做肯定会让大家对我有意见,有没有什么办法,既能督促大家干活,又能让大家喜欢我呢？

你可能觉得，只要能说服大家认同项目的构思，他们就能一直积极干活，把项目顺顺利利完成。但说服别人和让别人一直坚持下去是两码事，所以，当大家干劲不足的时候，你得用点别的办法，好让大家重新集中精力。以下寿司店和马拉松运动员的经验能给我们一些启发。

阿耶莱·费什巴赫（Ayelet Fishbach）是研究动机的心理学专家，她发现，当人们关注自己在完成任务过程中已经取得的小进步，而不是还剩下多少工作要做的时候，会更有动力把任务完成。心理学家把这种现象叫作"小面积法则"。

费什巴赫做过一个实验，她找了一些寿司店的顾客，给其中一部分人发了一张卡片，上面有十个空格，顾客每买一次午餐就能盖一个章，集满十个章就能换一份免费午餐。另一部分顾客收到的卡片上已经盖满了章，每消费一次就会被去掉一个章。结果发现，那些集章的顾客再次来餐厅消费的速度，差不多是消章顾客的两倍[6]。这很好理解，从完成10%到完成20%，进步了一倍，感觉很明显。但从70%到80%，虽然也变化了10%，但就没有前者那么有成就感了。不过，当任务进行到一半的时候，情况就变了。马拉松选手跑到13英里（差不多是全程马拉松一半的距离）的时候，心里想的就不一样了，他们不再数跑过了多少英里，而是开始算还剩多少英里。

因为大家在关注小的方面的时候普遍更有动力,所以,项目经理在汇报和更新项目进度的时候,最好突出那个更小的数字,不管是已经完成的进度,还是剩下的工作量。项目刚开始的时候,你可以说"已经完成 20% 啦",而不是"还有 80% 没完成呢"。项目过半之后,就换成"只剩 20% 就完成啦",别再说"都完成 80% 了"。

销售经理也可以用这个方法来激励员工完成业绩目标。月初的时候可以说:"才过了一周,大家就完成季度目标的 15% 啦。"快到月底的时候就说:"就差 10% 就能完成目标了,加把劲!"

7. 上次绩效评估时,领导跟我说,虽然我在讨论的时候见解最多,但大家还是觉得我没什么说服力,还说我得更有魅力才行。魅力这东西真能培养出来吗?

可不是只有你一个人有这种烦恼。阿尔伯特·爱因斯坦多聪明啊,可他的课也没什么人爱听。据说有一次,他的讲课效果特别差,学校干脆把他的课给取消了。和很多人一样,爱因斯坦也明白,肚子里有货,跟能把想法清楚地表达出来,完全是两回事。那些没什么魅力的人,就算有真本事,也容易被人忽视。

《牛津词典》里说:"魅力"就是一种让人没法抗拒的吸

引力，能让别人特别信服你。但这种解释没什么实际用处，反而让人更迷糊了。到底怎样才能让人信服？怎样才能有魅力呢？心理学研究给出了更有用的答案，发现"魅力"主要包含三个要素。

第一个要素是"外向性"，简单说就是能充满活力、积极地表达自己的想法。怎样才能做到呢？手部动作很关键。有研究人员用软件把 TED 演讲者的视频做成了简笔画动画，然后静音播放给观众看。结果发现，那些手部动作多的动画人物，更容易让观众觉得有活力，也更容易让观众感受到热情。而且，观众还能根据这些动画，猜出演讲者在现实中获得掌声的多少。那些经常做激情手势的演讲者，得到的掌声更多。还有研究发现，最受欢迎的 TED 演讲者，用的手势差不多是同主题不太受欢迎演讲者的两倍。手部动作就像是我们的"第二语言"，能让人看出你有没有魅力，也能让别人知道你对一件事的真实感受。第二个要素是，有魅力的人特别爱用类比和轶事，这与前面讲情感的那一章可以结合起来。第三个要素，有魅力的人一般都能随机应变。

魅力可不是天生的，而是可以通过学习获得的技能和特质。想要提升魅力，你可以在演讲或者表达观点的时候，多讲点故事，多做些类比。记住，说服力可不只是嘴上说说，肢体语言也很重要。

8. 很明显，在说服别人的时候，我们说的话特别重要。有没有哪些词能一下子抓住听众的心？又有哪些词最好别用呢？

1974年，美国心理学家伊丽莎白·洛夫特斯（Elizabeth Loftus）做了一个著名的实验来研究语言的影响力。她先给人们放了一段交通事故的短片，然后让大家猜测车辆的行驶速度[7]。一部分人被问道："你觉得那辆车撞上前面那辆车的时候，速度有多快？"对其他人，她把"撞上"（bumped）这个词换成了"碰撞"（collided）、"撞击"（hit）或"猛撞"（smashed）。虽然大家看的视频都一样，但听到"撞击"或"猛撞"这些词的时候，人们猜的车速明显更快。这可不是个小问题，在计算事故赔偿的时候，车速可是个关键因素。法官一般会因为车速更快而判给受害者更多赔偿，对肇事者的判罚也会更重。

洛夫特斯早期的这些实验说明，语言在说服过程里起着很重要的作用。语言不光能用来交流，还能影响别人。有时候，起作用的不只是词本身，词的形式也很重要。有研究发现，在说服人们采取行动这件事上，名词比动词效果更好。哈佛大学的托德·罗杰斯（Todd Rodgers）做过一个实验，他分别问美国公民"成为一名选民有多重要"和"投票有多重要"，结果发现，被问道"成为一名选民有多重要"的人，去投票站投票的比例更高[8]。这点投票率的变化，足以改变一场竞争激烈的选举的结果。这就表明,语言不仅能影响个人,甚至能对整个社会产生作用。

时态也很有讲究。研究显示,用现在时态写的在线评论,往往比用过去时态写更让人觉得可信。这意味着,网络博主如果鼓励粉丝多发布一些有时效性的评价,所发内容的数据也会更好。线下商家也能借鉴这个方法。以餐厅为例,经营者可以引导顾客在评论的时候尽可能提到贴近当下的时间点,比如"我们刚从这家餐厅回来"或者"我和我爱人今天去了这家餐厅"。

有意思的是,有个常用词在使用的时候得小心点,那就是"新的"(new)。虽然这个词听起来挺吸引人,但对很多人来说,它会让人联想到一些不太好的方面,像是未经检验、不够成熟、还没被大众接受。当然了,如果你的目标群体是那些喜欢尝新、追求创新的人,那"新的"这个词就很合适。但大多数人不是这样,所以用的时候还是得慎重。

9. 我在一家大型跨国公司上班,同事来自各个国家。在说服文化背景和我不一样的人时,有哪些好用的方法呢?

影响力是个全球性的话题,因此,思考文化背景如何影响我们的说服方式,以及我们为何会被他人说服,是一件非常有意义的事情。有以下三点需要注意。

第一点是"打好基础"。科学研究发现,大家凭直觉就能感觉到,在种族和文化多元的环境里生活、工作的人,更容易理解和接受不同人的各种特点。在这样的群体里，大家也会更加乐于助人，更能设身处地地为他人着想。但这种多元包容的环境不会自己出现，管理者得带头，让新员工能尽早与不同个性的同事多打交道。这虽然不容易，但付出是有回报的，员工之间的信任会增加。想想第四章的内容，那些积极组织社交活动、维护同事关系的管理者，不仅更受欢迎、工作效率更高，还让人觉得更靠谱，也就更有影响力。这种影响力不仅在自己的文化圈子里管用，对其他文化背景的人也有效。

第二点是相似性。还记得西奥迪尼提出的"喜好法则"吗？就是说人们更愿意答应那些和自己相似的人的请求。有人可能担心，大家都喜欢和自己相似的人会不会破坏公司的文化多样性，让团队成员只帮自己人。但有研究表明，比起种族、民族这些方面的相似性，信仰和价值观的相似性对人们的影响更大。所以，在说服别人的时候，强调你的请求和大家普遍认同的价值观一致，会更有说服力，尤其是在你没什么职权，想说服别人帮忙的时候。

第三点是不同国家在工作中说服别人的方式也有差别。某研究机构在一家大型跨国银行做了一项研究，想看看在没有奖励和表扬的情况下，哪些因素能说服不同文化背景的员工互相帮忙。结果发现，在美国、英国、加拿大这些个人主义文化比较盛行的国家，人们更愿意帮助之前帮过自己的人。但在中国、印度尼西亚、日本这些集体主义文化比较盛行的国家，情况就不一样了。如果提请求的人和他们部门里职位比较高的人有关系，那他们更有可能答应帮忙。在地中海和南美国家，要是请求来自和自己家人、朋友有关系的人，大家就更愿意帮忙。在日耳曼和斯堪的纳维亚国家，当说服者提到请求符合公司的规定和政策时，说服的成功率更高[9]。

10. 我是一名客户服务经理。说实话，这几年因为成本压缩，我们的服务质量下降了不少。有什么办法能让客户对我们的印象好一点呢？

最重要的一点就是，不管客户刚开始的体验怎么样，都要保证结尾是好的。

大家肯定都有过这样的经历：本来挺好的一次体验，就因为最后出了点岔子，全毁了。比如说和朋友去餐厅吃饭，吃得正开心，结果服务员把咖啡洒到你们某个人的腿上了。再比如，出去度假，玩得挺开心，结果返程航班取消了，你只能带着又累又烦的孩子，在机场硬邦邦的椅子上干等着。其实，体验本身并没有变，吃饭时的欢声笑语、度假时的悠闲时光都还在。但我们对这些经历的记忆却被破坏了，因为记忆很容易受到极端感受和最近发生的事情的影响。人们一般会记住一段经历里最开心或者最糟糕的瞬间，以及结尾发生的事，其他记忆都被这些时刻挤掉了。

这种现象叫"峰终效应"（peak-end phenomenon），它为一位高管解决其业务困境提供了重要启示。他经营着英国的一片露营地，里面有高档的自助小木屋[10]。疫情防控放开后，露营地生意特别火爆，很多家庭都想避开烦琐的旅行手续、受限的航班和昂贵的入境检测，来露营地享受自给自足的户外假期。这位高管说，顾客离开露营地回家的时候都挺开心的，还说玩得特别好。他觉得这是个机会，就让开心的顾客回家后在网上写评论。很多顾客也照做了。可让他没想到的是，不少评论都不温不火。那些离开时还对他和员工赞不绝口的顾客，过了一两周写评论的时候，态度好像变了。他特别纳闷，说："我真搞不懂，他们走的时候还满脸笑容，怎么写评论的时候就变了呢？难道把我们和别的露营地搞混了？"

后来，经过一番深入探讨，他才发现症结在哪。由于游客数量激增，客房服务人员的工作压力显著增加。为了能快点收拾好小木屋，迎接下一批客人，服务员就让退房的客人自己把床铺整理好，把床单、毛巾送到服务站。这成了客人离开前的最后一件事，所以在写评论的时候，这件事就让他们印象特别深刻。不难想象，本来挺满意的顾客，可能就因为这个在评论时默默减分。其实解决办法很简单，露营地经营者可以在客人入住的时候就把床单套件给他们，让他们自己铺床，而不是等客人走的时候让他们收拾床铺。这样可以确保客人离开时心情愉悦，不会因临走前的额外任务而感到不满。

要想改善客户对公司的印象，一定要特别关注和客户互动的最后阶段，确保其以积极的方式收尾。这并不是说可以在之前的环节中放松对服务质量的要求，而是强调通过优化结尾阶段来弥补可能存在的不足，从而提升整体的客户满意度。

第九章
影响力的职场伦理

2016年9月,有消息曝出,亨利·韦尔斯(Henry Wells)150多年前创立的银行卷入了一场长达14年、波及300多万名客户的欺诈案。也不知道韦尔斯要是知道了会作何感想,估计得气得在坟墓里直打滚。

韦尔斯是一个特别讲法则的人。他早年是个鞋匠学徒,出身平凡,父亲是长老会的牧师。可能正因为这样,再加上他特别乐于助人,养成了他正直的品性。年轻的时候,他因为有点口吃,就跑到美国东部的各个城市,到处找办法治疗。后来真让他找到了有效的方法,他还把这些技巧免费分享给其他有同样困扰的人。就在这个时候,他认识了威廉·法戈(William Fargo),又结交了驿站马车车夫约翰·巴特菲尔德(John Butterfield)。这几个人一拍即合,开了一家邮递公司,以诚信和法则为招牌,取名叫美国运通公司。没错,就是大家都知道的那个美国运通。这家公司主打的就是能够及时准确地投递包裹和消息。后来,他们抓住了加利福尼亚淘金热的机会,又创办了富国银行(Wells

Fargo）。再后来，富国银行成为美国最让人放心的银行之一。

可是这好不容易建立起来的口碑，却很容易付诸东流。2016 年那场丑闻，让富国银行损失惨重。银行施行的一项员工激励计划，让员工劝客户开通各种根本用不上的银行服务，结果东窗事发，被罚了几十亿美元，罚款和和解金创了历史新高。当时，高管敦促员工"冲向八项"，即向每个客户推销八种产品。就这么着，客户在毫不知情的情况下开设了数百万个储蓄账户和信用卡账户。投资者和客户知道后非常愤怒，觉得银行没有信誉，纷纷抛售股票、注销账户。

尽管后果如此严重，但像这种不道德的行为在商业圈里还真不少见。能源巨头安然公司（Enron）做假账，最后直接破产；汽车制造商大众汽车（Volkswagen）在柴油车上装"作弊装置"，蒙混尾气检测。事情曝光以后，大众汽车的销量暴跌，只有原来平均水平的 1/16，口碑也一落千丈，好评率从 70% 直接掉到 –80%[1]。国际足球联盟（FIFA）的高管也深陷腐败丑闻，拿世界杯举办地的投票权和转播权当筹码做交易收受贿赂，到现在都没有恢复名声。

这些公司或组织出问题往往都是从个人的不当行为开始的。伊丽莎白·霍姆斯（Elizabeth Holmes）创办了 Theranos 公司，她欺骗全公司的人说公司有一项非常先进的血液检测技术，结果后来发现这技术漏洞百出，根本不靠谱。投资者被骗惨了，员工也很受伤，公众也不再信任他们，纷纷起诉，指控她商业欺诈、故意欺骗和共谋。维杰·埃斯瓦兰（Vijay Eswaran）创办的奎斯特网络（Quest Net）用各种花里胡哨的销售手段和虚假承诺坑人，构建出一整个非法的金字塔式传销骗局，很快就遭到法律制裁，好多国家都禁止他们开展业务。还有高盛公司（Goldman Sachs）前董事拉贾特·古普塔（Rajat Gupta），把公司内幕交易的机密信息透露给对冲基金经理，然后他们靠着这些消息赚得盆满钵满。古普塔因此被判了两年刑，还被罚了500万美元。

为什么这种丑闻层出不穷呢？法院罚了那么多钱，公司名声也一落千丈，照理说大家应该长记性了。美国证券交易委员会调查了近600家公司，发现那些不良行为被曝光的公司，市值平均会损失40%[2]。调查还显示，八成消费者都说，公司的道德水准会直接影响他们买不买这家公司的东西。可就算这样，不道德的行为还是时不时地冒头，虽说不算是普遍现象，但还是挺让人头疼。

安永咨询公司（EY）的研究表明，大家其实都知道这么做不对，并不是没有意识到问题[3]。绝大多数企业和员工心里都清楚，一旦不道德行为被发现，公司名声就会毁于一旦。可为什么还是有人非要冒险？总结下来主要有两点原因：一是利益诱惑太大，如果能得到的回报比被查到的风险大多了，有些人就觉得值得赌一把；二是总觉得自己不会被抓。好多做出不道德行为的人都"迷之自信",觉得自己手段高明,永远不会被发现。

影响别人的能力是成功的关键,但也会涉及许多伦理上的难题。能通过摆事实、设置激励措施以及调动情绪这些方式来影响其他人,还不用改变我们要传达的核心内容,这听起来确实挺不错,尤其是在能加快办事进度的时候。大家都想又快又好地解决问题,但要是不考虑后果,今天靠这些手段达成了目的,明天可能就得付出代价,要么是经济上受损失,要么是良心上过不去,甚至两者都有。

就因为这些潜在的麻烦,有些人就觉得所有影响别人的行为都相当于操控他们,干脆就不想学这本事了。但是这么想也有问题。如果不影响他人,很多事情都推进不下去。一个没有说服力的环境,肯定也很难进步。理论上,什么都不做好像就不会有影响,但其实根本没有"不产生影响"这回事。维持现状也是一种选择,你选择无视或者不参与,本身就是在影响事情的走向。不管你愿不愿意,在生活中,我们要么主动去影响别人,要么就被别人影响。

日内瓦大学的伦理学家克里斯汀·克拉维恩(Christine Clavien)认为,影响别人的方式大致可以分成三种[4]:

- 目标导向型（利他型）：沟通者的唯一目的就是帮助他人。
- 利己型：完全以自我为中心，自私自利，为满足自身利益不择手段。
- 社交共赢型：提倡运用一些策略，让大家都能从中受益。

这个分类把影响别人的方法都总结得挺清楚的。我觉得（也可能我想得太简单了）大部分人应该都想选第三种，用一些策略让各方都满意。但是光知道有哪些类型和实际运用它们还是很不一样的。而且这些分类也没考虑到是谁在影响别人，是机构、组织，还是代表它们的人，又或者是单干的个体户。

还好现在有不少框架和量表能帮上忙。下面给大家介绍两个，一个主要是给组织用的，另一个更适合个人。虽然适用对象不太一样，但核心的理念是相通的。

组织的影响力伦理

大多数组织都知道，做生意得讲法则、守诚信，这样做很重要，有很多好处。好多组织都专门成立了道德委员会，盯着大家守规矩；还有些组织每次开董事会都会把道德标准的讨论列进议程。不过，更多的情况是，碰到可能有问题或者有风险的事了,大家才想起来讨论一下道德和法则的问题。不管是哪种情况,要是有个框架或者量表做参考,讨论起来就会更有方向,还能避免跑偏,让讨论更有意义。现在网上有不少免费的框架和量表,我的一个研究行为科学的同事奥利维亚·帕蒂森,开发的"TRUST"框架就挺不错[5]。

帕蒂森的 TRUST 框架有五个要点(真实、尊重、无争议、溢出效应和透明度),董事会和团队在从道德的角度审视公司业务和工作方式的时候,可以拿这些要点当参考。

真实(Truth):公司的业务、产品还有办事流程,是不是都真实可信?

帕蒂森也知道,"真实"这概念其实挺主观的,但她认为,一家靠谱的公司就得实实在在、诚实守信,不能用公司的政策、业务以及产品去故意欺骗客户、同事和社会大众。

尊重(Respect):公司做事有没有尊重大家选择的自由,有没有尊重每个人的自主权利?

帕蒂森觉得,机构和企业得尊重每个人的选择自由,保障大家自主做决定的权利。特别是涉及财务和商业活动的时候,公司得尽量避免让某些群体没得选,或者增加他们做选择的成本。比如说,有些公司只给新客户优惠,老客户却享受不到,买同样的东西得花更多钱,这就没有尊重老客户;

还有一些公司，客户想取消服务或者订阅特别麻烦，《助推》（*Nudge*）一书的作者理查德·塞勒（Richard Thaler）和卡斯·桑斯坦（Cass Sunstein）把这种行为叫作"人为设置阻碍"。像这样的公司，在帕蒂森的"尊重"标准里也不合格[6]。

无争议（Uncontestable）：要是有人对公司的做法提出质疑，你能不能坦然地为公司辩护？

莎士比亚的复仇故事《威尼斯商人》里有个叫兰斯洛特·戈博（Lancelot Gobbo）的人说过："杀人的事瞒不住……真相早晚会大白。"这句话在商业领域也同样适用。虽然安永的研究表明，许多高管都觉得不道德行为不太可能被发现，但帕蒂森的 TRUST 框架还是提醒各个组织，要仔细审查公司的政策和业务，确保即使真的有人提出质疑，也能有理有据地回应。

溢出效应（Spillovers）：你有没有想过，现在做的事，无论有意还是无意，以后可能会带来什么后果？

谁也无法保证，今天实行的政策或者商业策略以后不会出问题或造成什么危害。《福布斯》（*Forbes*）是专门关注商业、投资和创业的媒体，他们研究发现，未来可能出现的不良影响，一般都是由四个原因导致的：不懂行、人为失误、只看重眼前利益，或者价值观有问题。要想减少这些意外，可以试试"事前检验"，即让制定政策的人和公司高管先假设项目搞砸了，并找出可能的原因。然后团队再根据这些原因，提前在计划中做好应对措施，尽量避免那些意想不到的后果发生。虽然这么做不能保证万无一失，但能降低出问题的概率。就算以后公司真被人指责存在不道德的行为，提前做了这些准备，也能减轻负面影响。

透明度（Transparency）：公司的业务、产品以及办事流程，是不是都面向大众公开透明？

公司的业务、产品还有政策在执行的时候，都应该明明白白的。要是做不到这一点，那就得重新审视一下了。不管是老百姓还是消费者，都喜欢政府和企业办事公正公开。2023年，英国金融行为监管局专门针对银行、金融机构和保险公司出台了一项"消费者责任"政策，就是为了给保护客户制定更高、更明确的标准。这个政策里很重要的一点，就是要求公司办事公开透明，把"让客户满意"放在心上。

个人的影响力伦理

说到个人怎么影响别人，我的同事、亚利桑那州立大学的心理学家格雷戈里·尼德特（Gregory Neidert）博士观察发现，人们在说服别人的时候，一般分为三种风格。第一种是错失良机型，明明创造了能影响别人的好机会，自己却没发现，也不知道抓住机会，白白浪费了；第二种是投机取巧型，这种人就比较自私，专门利用各种机会满足自己的需求，甚至不惜牺牲别人的利益；第三种是洞察入微型，这种人就比较靠谱了，他们能想办法在短期内和长期内都影响别人，还能让大家都受益。下面咱们就详细说说这三种人。

错失良机型

几年前，我所在的团队与一家生产高端医疗诊断设备的公司合作，这家公司生产CT扫描仪、X光机和超声波设备。为了让我们更好地了解，公司经理安排我们跟随他们的销售和售后团队出去跑业务。他们会去医院、牙科诊所，还有兽医诊所，了解客户需求并帮忙维护设备。有一天的经历我记得特别清楚。

那天刚开始的时候，一切都挺正常的。大家喝着咖啡，公司的销售代表给我们介绍当天要拜访的客户和地点。他准备得挺充分，可计划赶不上变化，一个重要客户突然打来电话，急得不行。这位客户是一个经验丰富的放射治疗师，他说当天下午要给实习医生做培训。本周早些时候出差前，他就安排人订购备用的传感器（探头），好让学生们练习用，可那天早上到了诊所才发现，根本没人负责这件事。他就请求销售代表帮忙，不然培训无法进行，他也得跟着丢脸。

我听到销售代表跟客户保证，一定会尽力帮忙，还说一个小时内给他回电话。挂了电话，他就忙活起来。那时候，几小时内就能送达的网上购物还没流行起来，而且医疗设备管理严格，不是随便就能拿到的，得走流程。公司的主仓库离得远，根本来不及调货，于是销售代表就打电话给地区办事处，问他们有没有备件。好不容易凑到几个传感器，他又联系附近的其他客户，看看能不能"借"到剩下的。不到一个小时，他就打电话告诉那位重要客户，探头凑齐了，正在往诊所送呢。然后我们又打包了几杯咖啡就出发了，开了整整两个小时才到。他感觉自己像个救场的大英雄，我在旁边看着他忙前忙后，也觉得挺佩服。

当我们带着一路辗转取到的探头终于抵达了诊所，客户终于松了一大口气。他满怀感激地对代表说："今天早上我来的时候，都以为这培训要取消了，你可真是帮了我大忙，太感谢了，我真的记在心里了。"

销售代表却满不在乎地回答道："这真的没什么，都是我们该做的，换个人我也会帮忙的。"

我们离开的时候，客户还笑着跟我们挥手。我就问销售代表，这个客户是不是挺重要的。他说："他是个教学医生，在他们那儿挺有影响力的。但真正拍板做决定的是他老板，那人可不好打交道，对我们这些销售代表没什么好脸色，想见他一面可难了。"

我听了没说话,心想,他怎么就没意识到这是个好机会呢?一般来说,刚被人帮了大忙的人,很少会拒绝对方合理的请求。而且你们应该还记得互惠法则吧,像这位销售朋友这样,在别人急需的时候帮上大忙,对方肯定更不好意思拒绝。当然,当时要是直接跟客户说,让他帮忙约见老板,就太刻意了,显得很功利,那就成了尼德特说的第二种人的做法了,咱们一会儿再介绍。在接下来的几天里,我一直好奇,这位销售朋友会不会打电话问问客户,培训办得顺不顺利。要是客户再次表达感谢,他再趁机请客户帮忙约老板见面,我觉得,这么一来,心怀感激的客户肯定会尽力帮忙的。

有时候,能不能成功说服别人,得看时机好不好,比如说老板那天心情好,或者公司上个月赚了大钱,一向抠门的财务经理也大方起来。但其实,机会也得靠自己创造。就像这位销售朋友,给有困难的客户帮了大忙,或者给有需要的人提供有用的信息,帮别人解决问题,给客户提供超棒的服务,这些都是创造机会的方式。面对别人的感谢,很多人可能就随口说句"不客气",但这么做的话,可能就白白浪费了一个影响别人的好机会。用格雷戈里·尼德特的话说,这就是让到手的机会又溜走了。

投机取巧型

跟"错失良机型"的人不一样,"投机取巧型"的人完全是另一副模样。这种人专门找机会,甚至编造机会去影响别人,还会耍手段,为了自己获利,不惜坑害别人。生活里这种例子可不少,有些同事故意藏着掖着,该分享的信息不分享,或者看人下菜碟,只把信息告诉特定的人,还在同事或者客户之间挑拨离间。还有些人更过分,直接撒谎骗人。

不过,有些"投机取巧"的行为也不是故意策划的。2000年春天,英国闹了一场汽油危机。当时,抗议者把炼油厂围了起来,汽油供应就断了。这可把企业急坏了,学校停课,上班族也不去办公室了,商店里冷冷清清,连一些公共服务都快维持不下去了。这场危机还影响了司机们,只要听说哪个加油站有油,外面的车子就排起了长队。随着汽油短缺越来越严重,有些司机的行为也变得很极端。新闻里说,有的司机直接在车里过夜,就为了能在夜里运油车来的时候第一个加上油;还有的人,哪怕自己的油箱里还有大半桶油,一听说哪个加油站有油,也不管多远都要开车去加油。大家都知道,东西一稀缺,不管消息真假,都会让人特别紧张,哪怕自己够用,也忍不住想多囤点。

有汽油供应的加油站的消息传得很快,有些加油站老板就趁机大赚一笔。有个加油站老板更是贪心,看到外面排着长队,就动起了歪心思,让员工把油价抬高。大家都知道当时的情况特殊，稍微涨点价也能理解，可他一下子把价格提高了快 6 倍。虽然客户们都气坏了，但实在没办法，还是有一些人付了钱。没几个小时，他的油就卖光了，可后果也很严重。大部分老客户都不再来他这儿加油了，还有些人到处跟别人说他不地道。这么一来，他几乎把所有老客户都得罪光了，名声也臭了，没多久加油站就关门大吉了[7]。

不过，想想这老板当时的处境，他这么做好像也能理解。现在生活节奏快，有时候碰到问题必须马上做决定，根本没时间考虑后果。脑子最先想到的办法，可能是最省事的，也可能最有效、最赚钱，但不一定是最道德的。

洞察入微型

并不是说追求短期成功就一定会牺牲长远利益。其实，我们完全可以用一种既帮自己又帮别人的方式去影响别人，和大家建立起良好的关系，让别人现在愿意听你的，以后也愿意跟你合作。尼德特把这种方式叫作"洞察入微型"策略。

"洞察入微型"的人在行动之前，会先停下来想一想，在当前的情况下，到底有哪些因素能帮自己影响别人。比如说怎样把事实和信息组织得更吸引人？设置什么样的奖励，既能让大家积极参与，又不会让他们觉得被算计了？还有，怎么调动大家的情绪，让他们心甘情愿地做出正确的、能和他人建立紧密联系的决定，同时还能让他们对自己感觉良好？

咱们还是拿前面那个加油站老板举例，如果他当时能冷静一下，用"洞察入微型"的策略来处理，其实还有很多别的办法。他可以让员工优先照顾当地的老顾客，还特意告诉他们，自己特别感谢大家一直以来的支持；也可以在加油站门口贴个告示，声明自己不会在大家困难的时候趁机涨价。这些不赚黑心钱的做法肯定能让大家觉得他是个靠谱的老板，以后也更愿意来他这儿加油。另外，他也不用提高油价，可以让员工问问顾客，要不要在店里买点别的东西。跟那些趁机捞一笔的商家比起来，他的顾客说不定还会因为没被宰而心怀感激呢。

要是这么做，加油站老板其实就遵循了一套法则。这些法则能帮助我们判断在工作中用的影响力策略是不是符合道德标准。这法则也很简单，就三条：

1. 我的做法是否真诚？
2. 我的做法是否明智？
3. 如果别人用同样的方法对待我在乎的人，我会不会乐意？

毋庸置疑，影响与说服他人的能力在职场上是一项至关重要的核心技能。不管是当领导、跟同事处好关系、谈业务，还是做销售、搞营销，又或是推动公司变革，都离不开它。这也是管理者对影响力和说服力高度重视的原因，以及为什么这些能力在领英的相关调查中始终占据显著位置。若将工作视为达成目标的过程，那么影响力便是实现这一目标的核心手段。当以高效且合乎道德的方式运用影响力时，其作用堪比一种超能力，能够吸引他人的关注，让那些本来不相信你的人信服你，让犹豫不决的人下定决心，还能带动大家一起做出改变。

然而，我们具备影响他人的能力并不意味着我们应当在任何情况下都加以运用。至少在付诸实践之前，必须深入考量影响力实践可能引发的伦理困境及其潜在后果。倘若我们为了达到目的，用了不合适的手段，就必须做好可能被反噬的心理准备。

致谢

说实话,我肯定不是唯一一个觉得写书不容易的作者。要赶着截止日期完成,在写的过程中还总是自我怀疑,盯着空白的屏幕,盼着文字能像变魔术一样自己冒出来。(虽然书写完之后会好一点。)幸运的是,之前我有幸和罗伯特·B.西奥迪尼、诺亚·戈尔茨坦、约瑟夫·马克斯一起合作,得以共同面对这些挑战。直到现在我都觉得,我们的书之所以能一直受欢迎,主要靠的是他们的智慧和名气,我只是跟着沾了光。我真的特别感谢他们每一个人。

所以,我本来没打算再次自己一个人写书。

结果有一天,普罗菲莱出版社(Profile Books)的编辑克莱尔·格里斯·泰勒(Clare Grist Taylor)给我打电话,说她正在为《经济学人》(The Economist)策划一系列新书,问我有没有兴趣参与。能再次和克莱尔合作,还能给我一直喜欢的《经济学人》写书,这诱惑实在太大了。而且克莱尔这个人,让人很难拒绝她。(估计她都不用看我这本书,就能把人说服。)所以,我得先好好谢谢克莱尔,感谢她邀请我写书,在整个过程中还一直给我帮助和支持。我也要感谢普罗菲莱出版社的保罗·福蒂(Paul Forty)、乔治娅·波普莱特（Georgia Poplett）、菲利帕·洛根（Philippa Logan）、安德鲁·富兰克林（Andrew Franklin），还有《经济学人》的赞妮·明顿·贝多斯（Zanny Minton Beddoes）、汤姆·斯丹迪奇（Tom Standage）、马丁·亚当斯（Martin Adams）、斯蒂芬·萨默维尔（Stephen Somerville）、西里莉亚·纳瓦尔卡尔（Siriliya Nawalkar）、菲奥努拉·杜根（Fionnuala Duggan）。

然后，我要感谢"职场影响力"团队的成员们：索菲·阿莫尔（Sophie Armour）、埃洛伊丝·科普兰（Eloise Copland）、大卫·克里奇顿·米勒（David Crichton Miller）、安德里亚·法因斯-阿林（Andrea Fines-Allin）、克拉拉·费德拉思（Clara Federrath）、博贝特·戈登（Bobette Gorden）、阿曼达·亨伍德博士（Dr.Amanda Henwood）、尼克·霍布森博士（Dr.Nick Hobson）、格雷戈里·尼德特博士（Dr.Gregory Neidert）、阿拉明塔·内勒（Araminta Naylor）、尼娜·诺里斯（Nina Norris）、基思·奥布赖恩博士（Dr.Keith O'Brien）、奥利维亚·帕蒂森（Olivia Pattison）、欧文·鲍威尔（Owen Powell）、塞巴斯蒂安·罗卡（Sebastian Roca）、亚历克斯·拉斯比（Alex Rusby）、凯瑟琳·斯科特（Catherine Scott）、朱利安·西沃德（Julian Seaward）、艾丽·范德米尔（Eily VanderMeer）以及奥黛丽·范·鲁克曼（Audrey Van Rueckmann），和他们一起工作真的特别开心。他们一起打造了一个特别棒的工作环境，

每天都充满挑战，都能学到新东西。他们为客户提供的服务也都非常出色，绝对称得上应用行为科学领域的顶尖团队。特别感谢奥黛丽·范·鲁克曼帮忙核查事实、整理参考文献。尼克·霍布森在构思章节结构、分析情感心理方面给了我很大帮助。奥利维亚·帕蒂森就更不用说了，从这本书的筹备前期就开始帮忙，还大方地让我参考她在伦理学方面的原创研究。

过去的20多年里，我有幸结识了好多厉害的人，从他们身上学到了很多，得到了不少建议、支持，还有在"职场影响力"这个项目上合作的机会，让我交到了不少朋友。想要感谢的人太多了，难免会漏掉几个名字，希望大家别介意，之后再版的时候我一定补上。这些人包括荣雅（Wing Ah）、亚历克斯·艾肯（Alex Aiken）、迈克·奥尔德里奇（Mike Aldrich）、亚当·奥尔特（Adam Alter）、基思·安德森（Keith Anderson）、黛比·安多利亚（Debbie Androlia）、维基·阿什沃思（Vicky Ashworth）、布伦丹·巴恩斯（Brendan Barns）、约翰·巴拉索（John Barrasso）、尼克·巴伦（Nick Barron）、苏拉吉·巴西（Suraj Bassi）、蒂姆·巴彻勒（Tim Batchelor）、马特·巴特斯比（Matt Battersby）、凯伦·比蒂（Karen Beattie）、斯科特·贝里纳托（Scott Berinato）、理查德·贝文（Richard Bevan，大英帝国勋章获得者）、亚历克斯·比格（Alex Bigg）、奥克塔维厄斯·布莱克（Octavius Black）、罗布·布莱基（Rob

Blackie)、巴斯蒂安·布兰(Bastien Blain)、瓦妮莎·博恩斯(Vanessa Bohns)、克里斯·布雷迪(Chris Brady)、安妮塔·布拉加(Anita Braga)、布莱恩·布伦南(Brian Brennan)、妮可·布里甘迪(Nicole Brigandi)、约翰·邦奇(John Bunch)、伊恩·伯布里奇(Ian Burbridge)、帕特里克·坎帕尔–林达尔(Patrick Campal-Lindahl)、约恩·坎农(Eoin Cannon)、路易丝·凯西女爵士(Dame Louise Casey)、马利克·查利德(Malik Chalid)、克里斯·查普曼(Chris Chapman)、亚历克斯·切斯特菲尔德(Alex Chesterfield)、玛吉·克拉克(Margi Clarke)、丹尼尔·克鲁(Daniel Crewe)、布鲁斯·戴斯利(Bruce Daisley)、马尔科·德尔·曼奇诺(Marco Del Mancino)、丽贝卡·戴尔(Rebecca Dell)、保罗·多兰(Paul Dolan)、谢丽尔·唐纳利(Cheryl Donnelly)、柯尔斯蒂·唐纳利(Kirstie Donnelly)、尼克·唐(Nick Down)、彼得·达菲(Peter Duffy)、鲁珀特·邓巴–里斯(Rupert Dunbar-Rees)、亚当·爱德华兹(Adam Edwards)、谢恩·埃里森(Shane Ellison)、托本·埃默林(Torben Emmerling)、安托万·费雷尔(Antoine Ferrere)、丹尼·芬克尔斯坦勋爵(Lord Danny Finkelstein)、贝基·金特尔(Becky Gentle)、史蒂文·杰拉德(Steven Gerrard)、迪米特里奥斯·乔治奥波洛斯(Dimitrios Georgiopoulos)、丹·格茨科夫(Dan Gertsacov)、罗布·吉比(Rob Gibby)、基

思·格拉迪斯（Keith Gladdis）、诺亚·戈尔茨坦（Noah Goldstein）、艾莉森·戈德斯沃西（Alison Goldsworthy）、凯特·戈麦斯（Kate Gomes）、凯伦·贡萨尔科拉尔（Karen Gonsalkorale）、劳伦·戈登（Lauren Gordon）、亚当·格兰特（Adam Grant）、黛博拉·格林（Deborah Green）、弗拉达斯·格里斯克维丘斯（Vladas Griskevicius）、亚历克斯·瓜里恩托（Alex Guariento）、大卫·哈尔彭（David Halpern）、希瑟·汉考克（Heather Hancock）、艾莉森·汉基（Alison Hankey）、荒木宏（Akira Haraguchi）、莎伦·哈德卡斯特尔（Sharon Hardcastle）、蒂姆·哈福德（Tim Harford）、弗恩·哈尼什（Verne Harnish）、威尔·希尔德（Will Heald）、安迪·赫奇（Andy Hedge）、弗雷德·霍肯乔斯（Fred Hockenjos）、蒂姆·赫尔斯（Tim Hulse）、丹尼尔·卡尼曼（Daniel Kahneman）、盖伊·川崎（Guy Kawasaki）、路易丝·基恩（Louise Keen）、亚历克斯·哈尔迪（Alex Khaldi）、伊普西塔·胡拉尔（Ipsitaa Khullar）、露丝·基利克（Ruth Killick）、亚当·金尔（Adam Kingl）、希拉里·基特森（Hilary Kitson）、尤尔根·克洛普（Jurgen Klopp）、米歇尔·克洛茨（Michelle Klotz）、马丁·奈特（Martin Knight）、安娜·科茨瓦拉（Anna Koczwara）、约翰·兰伯特（John Lambert）、朱莉·拉代利（Julie Lardelli）、凯西·拉奇（Kathy Large）、贝蒂·刘（Betty Lau）、瑞秋·勒叙厄尔（Rachel Le Sueur）、扬·勒里

克（Yann Leriche）、吉姆·莱文（Jim Levine）、埃里克·利维教授（Professor Eric Levy）、丹·利斯特曼（Dan Listemann）、安东尼·麦当娜（Anthony Madonna）、蒂埃里·马莱（Thierry Mallet）、海伦·曼金（Helen Mankin）、丹尼尔·马科斯（Daniel Marcos）、科斯塔斯·马基德斯（Costas Markides）、约瑟夫·马克斯（Joseph Marks）、乔纳森·马歇尔（Jonathan Marshall）、卡尔西·马泰利（Karthi Martelli）、艾伦·麦克杜格尔（Alan McDougall）、休·麦凯勒（Sue McKellar）、保罗·麦肯纳（Paul McKenna）、鲍勃·麦肯齐（Bob McKenzie）、约翰·菲利普·马丁（John Phillip Martin）、汉娜·麦奎德-梅森（Hannah McQuoid-Mason）、斯特凡·迈耶（Stephan Meier）、罗布·梅特卡夫（Rob Metcalfe）、安德鲁·米德尔顿（Andrew Middleton）、约翰·"米奇"·米切尔（John 'Mitch' Mitchell）、安妮·蒙特马奎特（Annie Montmarquette）、李·莫利（Lee Morley）、埃莉·马尔霍兰（Ellie Mulholland）、尼尔·马拉基（Neil Mullarkey）、奥德·内策尔（Oded Netzer）、詹姆斯·尼科尔斯（James Nicholls）、迈克·诺顿（Mike Norton）、杰夫·诺特（Jeff Nott）、奥利维耶·乌利耶（Olivier Oullier）、丽贝卡·帕尔科拉佐-拉奇（Rebecca Parcolazo-Rudge）、埃德·珀西瓦尔（Ed Percival）、贝内代塔·佩托（Bennedetta Peto）、尼克·波普（Nick Pope）、麦迪·昆兰（Maddie Quinlan）、艾伦·拉姆齐（Alan

Ramsay）、凯伦·雷菲特（Karen Reffitt）、金·罗伊兹（Kim Royds）、艾米·斯科吉（Amy Scorgie）、道格·斯科特（Doug Scott）、米拉·沙阿（Meera Shah）、迪尔·西杜（Dil Sidhu）、艾伦·斯诺（Alan Snow）、爱丽丝·索里亚诺（Alice Soriano）、吉姆·苏特（Jim Souter）、艾玛·斯特兰（Emma Sterland）、奈杰尔·斯蒂芬斯（Nigel Stephens）、玛格丽特·斯托克姆（Margaret Stockham）、马修·斯托克（Matthew Stork）、卡斯·桑斯坦（Cass Sunstein）、蒂梅亚·塔尔齐（Timea Tarczy）、马修·泰勒（Matthew Taylor）、莎拉·托比特（Sarah Tobitt）、卡拉·特雷西（Cara Tracy）、迪米特里奥斯·齐维科斯（Dimitrios Tsivikos）、基娅拉·瓦拉扎尼（Chiara Varazzani）、玛丽埃尔·维拉莫（Marielle Villamaux）、伊沃·弗拉耶夫（Ivo Vlaev）、努阿拉·沃尔什（Nuala Walsh）、托尼·韦尔（Tony Ware）、阿尼亚·维科夫斯基（Ania Wieckowski）、奈杰尔·威尔科克森（Nigel Wilcockson）、里克·沃尔夫（Rick Wolff）、苏叶（Sue Yip）和托德·扎沃尼克（Todd Zavodnick）。

最后，我要特别感谢林赛·马丁（Lindsay Martin）和罗伯特·B. 西奥迪尼。在我有幸结识的所有人中，你们两位无论在个人还是专业领域，都让我深感敬佩。这本书，献给你们。

参考文献

第二章 影响力的历史沿革

1. A. Roccati, "Dating Ptahhotep's maxims (Note Letterarie VI)", *Orientalia*, 83(2) (2014), pp. 238–240.
2. V.H. Mair and L. Tzu, *Tao Te Ching: The Classic Book of Integrity and the Way* (Bantam, 2012).
3. E.M. Cope and J.E. Sandys (eds), *Aristotle: Rhetoric*, Vol. 2 (Cambridge University Press, 2010).
4. S. Danziger, J. Levav and L. Avnaim-Pesso, "Extraneous factors in judicial decisions", *Proceedings of the National Academy of Sciences*, 108(17) (2011), pp. 6889–6892.
5. R. Dunkle, "Overview of Roman Spectacle" in P. Christesen and D.G. Kyle (eds) *A Companion to Sport and Spectacle in Greek and Roman Antiquity* (Wiley, 2013), pp. 377–394.
6. W. Shakespeare, *All's Well That Ends Well* (Routledge, 2019).
7. O. Wilde, *The Picture of Dorian Gray* (Oxford University Press, 2006).
8. K. Lewin, "Frontiers in group dynamics: concept, method and reality in social science; social equilibria and social change", *Human Relations*, 1(1) (1947), pp. 5–41.
9. L. Festinger, *A Theory of Cognitive Dissonance* (Evanston, IL: Row, Peterson, 1957).

10. B.F. Skinner, "Operant behavior", *American Psychologist*, 18(8) (1963), pp. 503–515.
11. S.E. Asch, "Studies of independence and conformity: I. A minority of one against a unanimous majority", *Psychological Monographs: General and Applied*, 70(9) (1956), pp. 1–70.
12. M. Sherif et al., *Intergroup Conflict and Cooperation: The Robbers Cave Experiment* (University Book Exchange, 1961).
13. C. Rogers, *Client-Centered Therapy* (Hachette, 2012).
14. D. Carnegie, *How to Win Friends and Influence People* (Simon & Schuster, 1936).
15. R.B. Cialdini, *Influence: The Psychology of Persuasion* (HarperCollins, 2021).

第三章 影响力：定义、迷思与驱动因素

1. N. Machiavelli, *The Prince* (1513) (Hertfordshire: Wordsworth Editions, 1993).
2. J.J. Skowronski and D.E Carlston, "Negativity and extremity biases in impression formation: a review of explanations", *Psychological Bulletin*, 105(1) (1989), p. 131.
3. S. Martin and J. Marks, *Messengers: Who We Listen To, Who We Don't, and Why* (Random House, 2019).
4. J. Zenger and J. Folkman, "Feedback: the powerful paradox", White paper, Zenger Folkman (2015).
5. D. Ramsey, "UC San Diego experts calculate how much information Americans consume", physorg.com (December 14th 2009).

6. S. Kemp, "Digital 2021: Global Overview Report", datareportal.com (January 27th 2021). datareportal.com/reports/digital-2021-global-overview-report.
7. R.R. Briefel and C.L. Johnson, "Secular trends in dietary intake in the United States", *Annual Review of Nutrition*, 24 (2004), pp. 401–431.
8. Pangolin facts, WWF. www.worldwildlife.org/species/pangolin
9. "Illegal wildlife trade crisis", Zoological Society of London.
10. Influence at Work (2021). Data on file.
11. A.A. Long, *Epictetus: A Stoic and Socratic Guide to Life* (Oxford University Press, 2002).
12. P.W. Schultz et al., "The constructive, destructive, and reconstructive power of social norms", *Psychological Science*, 18(5) (2007), pp. 429–434.
13. Hansard, "Businesses: Small and Medium-Sized Enterprises", Vol. 753 (May 6th 2014). hansard.parliament.uk/Lords/2014-05-06/debates/14050619000597/BusinessesSmallAndMedium-SizedEnterprises#contribution-14050619000291.
14. H.A. Simon, *Models of Bounded Rationality: Empirically Grounded Economic Reason*, Vol. 3 (MIT Press, 1997).
15. J.B. Harvey, "The Abilene paradox: the management of agreement", *Organisational Dynamics*, 3(1) (1974), pp. 63–80.
16. I.L. Janis, "Groupthink", *IEEE Engineering Management Review*, 36(1) (2008), p. 36.
17. M.D. Alicke and O. Govorun, "The better-than-average effect" in M.D. Alicke, D.A. Dunning and J.I. Krueger (eds), *The Self in Social Judgment* (Psychology Press, 2005), pp. 85–106.

18. A.M. Grant and D.A. Hofmann, "It's not all about me: motivating hand hygiene among health care professionals by focusing on patients", *Psychological Science*, 22(12) (2011), pp. 1494–1499.

第四章 以事实取信

1. W.E. Deming, *The New Economics for Industry, Education, Government* (MIT Press, 1994).

2. D.A. Garvin, *Managing Quality: The Strategic and Competitive Edge* (Simon & Schuster, 1988).

3. M.P. Jiménez-Aleixandre and S. Erduran, "Argumentation in science education: an overview" in S. Erduran and M.P. Jiménez-Aleixandre (eds), *Argumentation in Science Education: Perspectives from Classroom-Based Research* (Springer, 2007), pp. 3–27.

4. E. Ogbonna and L.C. Harris, "Leadership style, organisational culture and performance: empirical evidence from UK companies", *International Journal of Human Resource Management*, 11(4) (2000), pp. 766–788.

5. J.K. Aronson, "Anecdotes as evidence", *BMJ*, 326(7403) (2003) p. 1346.

6. D. Kahneman, J.L. Knetsch and R.H. Thaler, "Anomalies: the endowment effect, loss aversion, and status quo bias", *Journal of Economic Perspectives*, 5(1) (1991), pp. 193–206.

7. S.M. Smith and R.E. Petty, "Message framing and persuasion: a message processing analysis", *Personality and Social Psychology Bulletin*, 22(3) (1996), pp. 257–268.

8. N.H. Anderson and A.A. Barrios, "Primacy effects in personality impression formation", *Journal of Abnormal and Social*

Psychology, 63(2) (1961), pp. 346–350.

9. Influence at Work (2012). Data on file.

10. N.P. Miller (ed.), *Tacitus: Annals XV* (Bristol Classical Press, 1994).

11. S. Martin and J. Marks, *Messengers: Who We Listen To, Who We Don't, and Why* (Random House, 2019).

12. Influence at Work (2008). Data on file.

13. F. J. Flynn, "How much should I give and how often? The effects of generosity and frequency of favor exchange on social status and productivity", *Academy of Management Journal*, 46(5) (2003), pp. 539–553.

14. B.F.S. Southard and B.A.S. Southard, "Edward Everett, 'Gettysburg Address' (19 November 1863)", "Abraham Lincoln, 'Gettysburg Address' (19 November 1863)", (2009).

15. A. Lincoln, *The Gettysburg Address* (Penguin, 2009).

16. D.C. Feiler, L.P. Tost and A.M. Grant, "Mixed reasons, missed givings: the costs of blending egoistic and altruistic reasons in donation requests", *Journal of Experimental Social Psychology*, 48(6) (2012), pp. 1322–1328.

17. S.B. Shu and K.A. Carlson, "When three charms but four alarms: identifying the optimal number of claims in persuasion settings", *Journal of Marketing*, 78(1) (2014), pp. 127–139.

第五章 以利益说服

1. E. Fehr and A. Falk, "Psychological foundations of incentives", *European Economic Review*, 46(4–5) (2002), pp. 687–724.

2. M. Mackerras and I. McAllister, "Compulsory voting, party stability and electoral advantage in Australia", *Electoral Studies*, 18(2) (1999), pp. 217–233.
3. K.N. Kirby, "Bidding on the future: evidence against normative discounting of delayed rewards", *Journal of Experimental Psychology: General*, 126(1) (1997), pp. 54–70.
4. I. Mathauer and I. Imhoff, "Health worker motivation in Africa: the role of non-financial incentives and human resource management tools", *Human Resources for Health*, 4(24) (2006), pp. 1–17.
5. L.J. Bellamy, "Exploring the relationship between major hazard, fatal and non-fatal accidents through outcomes and causes", *Safety Science*, 71(B) (2015), pp. 93–103.
6. M.T. Wolf and J.W. Burdick, "Artificial potential functions for highway driving with collision avoidance", in *IEEE International Conference on Robotics and Automation* (IEEE, 2008), pp. 3731–3736.
7. Influence at Work (2018). Data on file.
8. Ibid.
9. U. Gneezy, S. Meier and P. Rey-Biel, "When and why incentives (don't) work to modify behavior", *Journal of Economic Perspectives*, 25(4) (2011), pp. 191–210.
10. C.K. Hsee et al., Unit asking: a method to boost donations and beyond", *Psychological Science*, 24(9) (2013), pp. 1801–1808.
11. R.H. Thaler, "Mental accounting matters", *Journal of Behavioral Decision Making*, 12(3), (1999), pp. 183–206.
12. R.L. Soster, A.D. Gershoff and W.O. Bearden, "The bottom dollar effect: the influence of spending to zero on pain of payment and

satisfaction", *Journal of Consumer Research*, 41(3) (2014), pp. 656–677.

13. H. Bembenutty, "Sustaining motivation and academic goals: the role of academic delay of gratification", *Learning and Individual Differences*, 11(3) (1999), pp. 233–257.

14. N. Novemsky and D. Kahneman, "The boundaries of loss aversion", *Journal of Marketing Research*, 42(2) (2005), pp. 119–128.

15. E.R. Frederiks, K. Stenner and E.V. Hobman, "Household energy use: applying behavioural economics to understand consumer decision–making and behaviour", *Renewable and Sustainable Energy Reviews*, 41(Jan) (2015), pp. 1385–1394.

16. D. Kahneman, "Prospect theory: an analysis of decision under risk", *Econometrica*, 47(2) (1979), p. 278.

17. A.J. Rothman et al., "The influence of message framing on intentions to perform health behaviors", *Journal of Experimental Social Psychology*, 29(5) (1993), pp. 408–433.

18. H. Leventhal, R. Singer and S. Jones, "Effects of fear and specificity of recommendation upon attitudes and behaviour", *Journal of Personality and Social Psychology*, 2(1) (1965), pp. 20–29.

19. T. Hossain and J.A. List, "The behavioralist visits the factory: increasing productivity using simple framing manipulations", *Management Science*, 58(12) (2012), pp. 2151–2167.

20. Ibid.

21. D. Kahneman, J.L. Knetsch and R.H. Thaler, "Anomalies: the

endowment effect, loss aversion, and status quo bias", *Journal of Economic Perspectives*, 5(1) (1991), pp. 193–206.

22. M.I. Norton, D. Mochon and D. Ariely, "The 'IKEA effect': when labor leads to love", *Journal of Consumer Psychology*, 22(3) (2012), pp. 453–460.

23. P. Dolan and R. Metcalfe, "Measuring subjective wellbeing: recommendations on measures for use by national governments", *Journal of Social Policy*, 41(2) (2012), pp. 409–427.

24. R. Katz and T.J. Allen, "Investigating the Not Invented Here (NIH) syndrome: a look at the performance, tenure, and communication patterns of 50 R&D Project Groups", *R&D Management*, 12(1) (1982), pp. 7–20.

25. B. Flyvbjerg and D. Gardner, *How Big Things Get Done: The Surprising Factors that Determine the Fate of Every Project, from Home Renovations to Space Exploration and Everything in Between* (Signal, 2023).

26. B. Flyvbjerg, "What you should know about megaprojects and why: an overview", *Project Management Journal*, 45(2) (2014), pp. 6–19.

27. G. Castignani et al., "Driver behavior profiling using smartphones: a low-cost platform for driver monitoring", *IEEE Intelligent Transportation Systems Magazine*, 7(1) (2015), pp. 91–102.

第六章 以情感打动

1. H. Damasio et al., "The return of Phineas Gage: clues about the brain from the skull of a famous patient", *Science*, 264(5162) (1994), pp. 1102–1105.

2. P.J. Schoemaker, "The expected utility model: its variants, purposes, evidence and limitations", *Journal of Economic Literature* 20(2) (1982), pp. 529–563.
3. N. Schwarz and G.L. Clore, "Feelings and phenomenal experiences", in E.T. Higgins and A.W. Kruglanski (eds), *Social Psychology: Handbook of Basic Principles* (Guildford Press, 1996), pp. 433–465.
4. A. Bechara and A.R. Damasio, "The somatic marker hypothesis: a neural theory of economic decision", *Games and Economic Behavior*, 52(2) (2005), pp. 336–372.
5. V. Griskevicius et al., "Fear and loving in Las Vegas: evolution, emotion and persuasion", *Journal of Marketing Research*, 46(3) (2009), pp. 384–395.
6. J.A. Russell, A. Weiss and G.A. Mendelsohn, "Affect grid: a single-item scale of pleasure and arousal", *Journal of Personality and Social Psychology*, 57(3) (1989), pp. 493–502.
7. J.S. Lerner, D.A. Small and G. Loewenstein, "Heart strings and purse strings: carryover effects of emotions on economic decisions", *Psychological Science*, 15(5) (2004), pp. 337–341.
8. D.T. Wegener, R.E. Petty and S.M. Smith, "Positive mood can increase or decrease message scrutiny: the hedonic contingency view of mood and message processing", *Journal of Personality and Social Psychology*, 69(1) (1995), p. 5.
9. J.S. Lerner and L.Z. Tiedens, "Portrait of the angry decision maker: how appraisal tendencies shape anger's influence on cognition", *Journal of Behavioral Decision Making*, 19(2) (2006), pp. 115–137.
10. B. Scott et al., "Health in our hands, but not in our heads:

understanding hygiene motivation in Ghana", *Health Policy and Planning*, 22(4) (2007), pp. 225–233.
11. J. Haidt, (2003). "The moral emotions", in R.J. Davidson, K.R. Scherer and H.H. Goldsmith (eds), *Handbook of Affective Sciences* (*Oxford University Press*, 2003), pp. 852–870.
12. Influence at Work (2016, 2017, 2018). Data on file.
13. N. Ambady et al., "Surgeons' tone of voice: a clue to malpractice history", *Surgery*, 132(1) (2002), pp. 5–9.
14. B. Lotto and Cirque du Soleil, "How we experience awe, and why it matters", TED Talk (April 2019).
15. P.K. Piff et al., "Awe, the small self, and prosocial behavior", *Journal of Personality and Social Psychology*, 108(6) (2015), p. 883.
16. V. Bohns, *You Have More Influence Than You Think: How We Underestimate Our Powers of Persuasion, and Why It Matters* (WW Norton, 2021).
17. M.M. Roghanizad and V.K. Bohns, "Ask in person: you're less persuasive than you think over email", *Journal of Experimental Social Psychology*, 69 (2017), pp. 223–226.
18. L. Nayak et al., "A picture is worth a thousand words: needs assessment for multimedia radiology reports in a large tertiary care medical center", *Academic Radiology,* 20 (2013), pp. 1577–1583.
19. "Missing person posters redesigned for more impact and will no longer have word 'missing'", SkyNews (May 25th 2022).
20. D. Gentner and A.B. Markman, "Structure mapping in analogy

and similarity", *American Psychologist*, 52(1) (1997), p. 45.

第七章　影响力的七大法则

1. R.B. Cialdini, *Influence: The Psychology of Persuasion* (HarperCollins, 2021).
2. Influence at Work, "Persuasion pilots: using the science of persuasion to drive sales results", www.influenceatwork. com/wp-content/uploads/2020/03/Persuasion–Pilots–McDonalds–Arcos–Dorados–INFLUENCE–AT–WORKpdf.pdf
3. N.J. Goldstein, V. Griskevicius and R.B. Cialdini, "Reciprocity by proxy: a novel influence strategy for stimulating cooperation", *Administrative Science Quarterly*, 56(3) (2011), pp. 441–473.
4. Ibid.
5. D.B. Strohmetz et al., "Sweetening the till: the use of candy to increase restaurant tipping", *Journal of Applied Social Psychology*, 32(2) (2002), pp. 300–309.
6. R. Garner, "Post–it ® note persuasion: a sticky influence", *Journal of Consumer Psychology*, 15(3) (2005), pp. 230–237.
7. R. Cialdini, *Pre-Suasion: A Revolutionary Way to Influence and Persuade* (Simon & Schuster, 2016).
8. D.A. Dillman, *Mail and Internet Surveys: The Tailored Design Method*, 2007 update (John Wiley, 2011).
9. M. Morris et al., "Schmooze or lose: social friction and lubrication in e–mail negotiations", *Group Dynamics: Theory, Research and Practice*, 6(1) (2002), pp. 89–100.
10. N. Grant, L.R. Fabrigar and H. Lim, "Exploring the efficacy of

compliments as a tactic for securing compliance", *Basic and Applied Social Psychology*, 32(3) (2010), pp. 226–233.

11. E. Chan and J. Sengupta, "Insincere flattery actually works: a dual attitudes perspective", *Journal of Marketing Research*, 47(1) (2010), pp. 122–133.

12. M. Levine et al., "Identity and emergency intervention: how social group membership and inclusiveness of group boundaries shape helping behavior", *Personality and Social Psychology Bulletin*, 31(4) (2005), pp. 443–453.

13. J. Marks, E. Copland et al., "Epistemic spillovers: learning others' political views reduces the ability to assess and use their expertise in nonpolitical domains", *Cognition*, 188 (2019), pp. 74–84.

14. A.N. Doob and A.E. Gross, "Status of frustrator as an inhibitor of horn–honking responses", *Journal of Social Psychology*, 76(2) (1968), pp. 213–218.

15. M. Lefkowitz, R.R. Blake and J.S. Mouton, "Status factors in pedestrian violation of traffic signals", *Journal of Abnormal and Social Psychology*, 51(3) (1955), pp. 704–706.

16. G. Castledine, "Nursing's image: it is how you use your stethoscope that counts!", *British Journal of Nursing*, 5(14), (2014), p. 882.

17. R.B. Cialdini, "The science of persuasion", *Scientific American*, 284(2) (2001), pp. 76–81.

18. F. de La Rochefoucauld, *Oeuvres complètes de La Rochefoucauld*, Vol. 1 (Garnier, 1883).

19. Influence at Work (2109). Data on file.

20. F.M. Stok et al., "Don't tell me what I should do, but what others do: the influence of descriptive and injunctive peer norms on fruit consumption in adolescents", *British Journal of Health Psychology,* 19(1) (2014), pp. 52–64.

21. J.M. Nolan, J. Kenefick and P.W. Schultz, "Normative messages promoting energy conservation will be underestimated by experts … unless you show them the data", *Social Influence,* 6(3) (2011), pp. 169–180.

22. S. Martin, "98% of HBR readers love this article", *Harvard Business Review,* 90 (2012), pp. 23–25.

23. Influence at Work (2109). Data on file.

24. "Applying behavioural insights to organ donation", Report, Behavioural Insights Team (2013).

25. S.J. Martin, S. Bassi and R. Dunbar–Rees, "Commitments, norms and custard creams: a social influence approach to reducing did not attends (DNAs)", *Journal of the Royal Society of Medicine,* 105(3) (2012), pp. 101–104.

26. Ibid.

27. W. Abrahamse et al., "A review of intervention studies aimed at household energy conservation", *Journal of Environmental Psychology,* 25(3) (2005), pp. 273–291.

28. A. Knishinsky, "The effects of scarcity of material and exclusivity of information on industrial buyer perceived risk in provoking a purchase decision", unpublished doctoral dissertation (Arizona State University, 1982).

第八章 影响力的实践应用

1. *How You Really Make Decisions*, BBC 2, Horizon series (2013–14).
2. M.F. Mason et al., "Precise offers are potent anchors: conciliatory counteroffers and attributions of knowledge in negotiations", *Journal of Experimental Social Psychology*, 49(4) (2013), pp. 759–763.
3. G. Brown and M. Baer, "Location in negotiation: is there a home field advantage?", *Organisational Behavior and Human Decision Processes*, 114(2) (2011), pp. 190–200.
4. A. Koester, "Why face-to-face communication matters: a comparison of face-to-face and computer-mediated communication", in *COVID-19, Communication and Culture* (Routledge, 2022), pp. 115–134.
5. M. Lynn, "Mega tips 2: twenty tested techniques to increase your tips", eCommons, Cornell University Library (2011).
6. M. Koo and A. Fishbach, "The small-area hypothesis: effects of progress monitoring on goal adherence", *Journal of Consumer Research*, 39(3) (2012), pp. 493–509.
7. E.F. Loftus and J.C. Palmer, "Reconstruction of automobile destruction: an example of the interaction between language and memory", *Journal of Verbal Learning and Verbal Behavior*, 13(5) (1974), pp. 585–589.
8. C.J. Bryan et al., "Motivating voter turnout by invoking the self", *Proceedings of the National Academy of Sciences*, 108(31), (2011), pp. 12653–12656.

9. W. Wosinska et al. (eds), *The Practice of Social Influence in Multiple Cultures* (Psychology Press, 2000).
10. D. Kahneman et al., "When more pain is preferred to less: adding a better end", *Psychological Science*, 4(6) (1993), pp. 401–405.

第九章　影响力的职场伦理

1. K. Korosec, "Volkswagen's US auto sales got crushed in November", Fortune.com (December 1st 2015).
2. J.M. Karpoff, J.R. Lott and E.W. Wehrly, "The reputational penalties for environmental violations: empirical evidence", *Journal of Law and Economics*, 68 (2005), pp. 653–675.
3. "Growing beyond: a place for integrity", 12th Global Fraud Survey, Ernst & Young (2012).
4. C. Clavien, "Ethics of nudges: a general framework with a focus on shared preference justifications", *Journal of Moral Education*, 47(3) (2018), pp. 1–17.
5. O. Pattison, "An ethical framework", unpublished dissertation (University of Bath, 2020).
6. R.H. Thaler and C.R. Sunstein, *Nudge: The Final Edition* (Yale University Press, 2021).
7. "Fuel price protests", BBC News (May 22nd 2008). news.bbc.co.uk/2/hi/in_depth/world/2000/world_fuel_crisis/default.stm

后 记

这是一本探讨如何提升影响力，尤其是如何在职场中增强影响力的专著。尽管书中的理论与实践方法主要针对职业场景设计，但其核心理念同样适用于个人在生活中影响和说服他人的过程。本书的核心论点在于：通过运用"影响力公式"，任何人都能够在工作中显著提升自身的影响力。正如通过调整红、黄、蓝三种原色的比例可以创造出丰富多彩的颜色一样，"影响力公式"能够帮助我们根据具体情境，将事实、利益、情感元素以恰当的方式组合，从而构建出多样化的、量身定制的高效影响力策略。

不过，就算对影响力的法则和方法了如指掌，也并不意味着一定能取得成功。原因很简单：知道是一回事，做到又是另一回事。这就引出了一个关键问题，那些想成为"说服高手"的人都得好好思考：如何判断自己有没有影响力呢？

$$影响力 = \frac{事实 + 利益 + 情感}{情境}$$

"影响力公式"能帮助我们回答这个问题。先来说说情感因素。个人的情绪状态在一天中会随着所处情境的变化而波动起伏。如果工作做得好，得到了表扬，心里就会美滋滋的，这时候去说服别人，底气都更足。可要是被人说了几句难听的，自信心可能被削弱，在这种状态下去说服别人，效果肯定好不了。

所以说，那些厉害的"说服大师"，不仅会关注对方的情绪，让他们更愿意听自己说话，还会留意自己的情绪，明白这一点对说服效果也有很大的影响。也就是说，要想成功说服别人，自己得先调整好心态。

再讲讲利益因素。在如今这个社会，有影响力的人往往能获得不少好处，没什么影响力的人就会相对差一些。有了影响力，好处自然就来了，至少有机会去争取。金钱上的回报是最明显的，但除此之外，非经济回报也是影响力的体现。比如被选中参加培训、跟着厉害的导师学习，得到领导的认可和鼓励，人脉越来越广，这些都能体现出你现在（或正在提升）的影响力有多大。

可能有人觉得追求影响力就是利己主义。在某种程度上，这么说也有一定的道理。部分人甚至可能认为影响力本质上是一种功利性的追求。确实有部分人是这样。但对于另一些人来说，他们的动机可能是完全无私的。通过获取更大的影响力，他们致力于支持和推动超越个人利益的宏大事业。就像慈善组织、援助工作者和维和人员，他们借助影响力来争取资源，改善很多人的生活，大家都很支持这些。然而，对于大多数人而言，影响力更像是一种工具，尽管它至关重要，但其主要作用在于帮助我们在职业生涯和个人生活中更加从容地应对挑战。

最后是事实因素。在"影响力公式"的各个要素中，这一要素或许是衡量个人影响力大小的最佳指标。当发现有越来越多的人主动向你寻求建议和见解，而非相反时，这便是影响力存在的有力证明。值得注意的是，这一现象与单纯拥有追随者相比有着本质的区别。尽管社交媒体上的粉丝数量可以被视为衡量受欢迎程度的一个参考标准，但它并不能直接反映一个人在职场中的实际影响力。如果你的目标是在工作中更具说服力，确保他人愿意倾听你的意见、认真对待你的建议并付诸行动，那么拥有成千上万名"粉丝"并非必要条件。真正关键的是制定一种策略，促使那些重要人物主动寻求你的建议。只有在这种情况下，才能确信你真正具备了影响力。虽然这一过程可能需要时间，但通过适当的规划、准备和执行，是完全可以实现的。

提升影响力计划

要想提升影响力，就得有计划地运用"影响力公式"。但是现在生活节奏太快，大家都忙得不可开交，根本没时间好好规划怎么去说服别人，相应的结果就是白白错失很多机会。事实上，缺乏明确规划，失败在所难免。

所以，如果你真的想提升自己的影响力，哪怕只能抽出一点时间来制订计划，只要按照我这里要介绍的"职场影响力提升小妙招"这三步来做，肯定能帮到你。

明确目标

先想好自己到底想要什么，而且一定要具体。这听起来好像挺简单的，但其实很多人在说自己的目标时都含糊不清。比如"我想让客户关注我们的内容""我希望团队成员之间能更信任彼此""我得说服领导多支持我们""我们得更好地影响客户群体"。这些目标虽然值得追求，但因其表述过于笼统，容易引发误解或歧义。为了制定更加具体且可操作的影响力目标，这里教你一个小窍门，叫"视频想象法"，该方法通过将目标具象化为一个可视化的场景来使其更清晰。想象用手机把你期望实现的结果或目标拍下来，然后问问自己："拍出来的画面里都有什么？能听到什么？"通过这种方式，你可以提炼出更为精确、明确的影响力目标，从而为后续步骤奠定坚实基础。

深入思考

目标明确了之后，就要对照着"影响力公式"一项一项仔细分析。先从支持你观点的事实入手：用什么内容做对比能最有说服力？找谁去传达你的想法最合适？可别总觉得一定要自己去说。还有，记住"三点法则"：阐述用事实的时候最多说三点，不要太啰嗦。

接下来，再考虑一下这里面涉及的利益。不光是经济利益，还有其他方面的利益，要提到多少次，在什么时候提起，才能让对方更动心呢？此外，还需权衡两种不同的表达方式及其潜在效果：一是强调受众可能获得的利益，二是突出他们可能面临的损失。通过综合考量这两种策略的优劣，你可以更精准地设计说服方案，从而提高成功的可能性。在强调损失的时候，要注意表达方式，尽量以受众容易接受的方式表达，以免影响你和受众的关系。

在陈述观点之前，应具体分析何种情绪状态对受众而言最为适宜——是恐惧、好奇、敬畏、快乐、同情，抑或其他？同时，考虑选取一个恰当的类比或逸事作为载体，以帮助你更加巧妙地表达你的想法。

量身定制

经过前两步的深入思考，你现已具备制定影响力策略所需的所有要素。接下来的最后一步任务是：结合具体情境，选择适合当前情境的事实、利益和情感的最佳组合方式，制定出最佳说服策略。如果对方最关心钱的问题，比如预算够不够、生活成本高不高，那在说服的时候就多强调利益这方面。但如果你面对的是律师或者科学家团队,那就不一样了——他们可能更看重事实,而不是情感或金钱。又或者对方更在意提案对人际关系会有什么影响,那就多从情感角度出发,利益和事实因素都可以往后靠。

总的来说,怎么运用"影响力公式",得综合考虑事实、利益、情感三方面的因素,再结合具体情况,还有你自己的说话风格。这个公式并不是让你用千篇一律的方法去说服别人,恰恰相反,它教给你的是一种思考方式,让你能根据工作中遇到的各种情境,灵活调整说服策略,同时还能保持自我,不违背自己的价值观及职业操守。这一点尤为重要,因为从根本上讲,真正有效的影响力本质上是一种基于人性的人际互动过程。